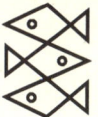

Die Schweizer pauschal Kaum etwas verbindet die Menschen mehr als die Bestätigung insgeheim gepflegter Vorurteile.

Die Schweiz ist ein Land mit vielen Völkern. Das allein ist nichts Besonderes, denn dies könnte man unter Umständen auch von Deutschland oder Italien sagen. In der Schweiz sprechen diese Völker allerdings auch ihre jeweils eigene Kantonssprache.

Überhaupt sind die Schweizer sehr auf Eigenständigkeit bedacht. Ein Schweizer Bauer wird sich hüten, den Skilift auf seiner Bergwiese mit dem seines Nachbarn zu verbinden, und zwei Arbeitskollegen, die in derselben Firma denselben Lohn erhalten, zahlen unterschiedlich hohe Steuern, wenn sie in zwei verschiedenen Kantonen leben.

Aber die Schweizer haben auch viele Gemeinsamkeiten: Ihre Milizarmee, ein ausgeprägtes Umweltbewußtsein und reiche Banken. Was die Schweizer entgegen landläufiger Meinung nicht haben, sondern lediglich aus Deutschland importieren und gegen harte Franken an Touristen verkaufen, sind: Kuckucksuhren.

In dieser Serie: ›Die Amerikaner pauschal‹ (Bd. 13391), ›Die Deutschen pauschal‹ (Bd. 13394), ›Die Engländer pauschal‹ (Bd. 13493), ›Die Franzosen pauschal‹ (Bd. 13393), ›Die Italiener pauschal‹ (Bd. 13395), ›Die Österreicher pauschal‹ (Bd. 13392), ›Die Spanier pauschal‹ (Bd. 13396).

Paul Bilton wurde in Southport in der englischen Grafschaft Lancashire geboren. Beruflich arbeitete er als Werbefachmann, Zeitschriftenherausgeber, und danach vermarktete er erfolgreich als Unternehmer ein eigenes Patent. Seit er mit seiner Schweizer Frau in der Schweiz lebt, arbeitet er als Autor von Büchern über Schweizer.

Die Schweizer pauschal

Von Paul Bilton

Aus dem Englischen von Oliver Koch

Fischer Taschenbuch Verlag

Redaktion: Stefan Zeidenitz

Deutsche Erstausgabe
Veröffentlicht im Fischer Taschenbuch Verlag GmbH,
Frankfurt am Main, April 1997

Die englische Originalausgabe erschien unter dem Titel
›The Xenophobe's guide to The Swiss‹
bei Ravette Books Ltd., Horsham
© Oval Projects Ltd., London 1995
© Fischer Taschenbuch Verlag GmbH, Frankfurt am Main 1997
Kartographie: Räppi
Druck und Bindung: Clausen & Bosse, Leck
Printed in Germany
ISBN 3-596-13492-7

Gedruckt auf chlor- und säurefreiem Papier

Inhalt

Fremd ist der Fremde nur in der Fremde

Karl Valentin

Die Bevölkerung der Schweiz setzt sich zusammen aus
$4\frac{1}{2}$ Millionen Deutschschweizern, $1\frac{1}{4}$ Millionen französisch Denkenden, 700 000 italienisch sprechenden
Tessinern, 70 000 auch rätoromanisch sprechenden
Graubündnern und $\frac{1}{2}$ Million eingebürgerte Ausländer,
die wenig zu sagen haben. Insgesamt sind es knappe 7
Millionen. (Im Vergleich dazu gibt es $7\frac{3}{4}$ Millionen Österreicher, 57 Millionen Italiener, 57 Millionen Franzosen
und 80 Millionen Deutsche.)

Nationalität & Identität

Das Naturgesetz der Angst

Daß Hummeln fliegen können, ist gemäß den physikalischen Gesetzen der Schwerkraft und der Aerodynamik eigentlich nicht möglich.

Daß die Schweizer Wirtschaft dermaßen unanständig gut floriert, ist gemäß den allgemein geltenden ökonomischen Gesetzen eigentlich nicht möglich:

Die Schweiz hat keinen eigenen Zugang zum Meer; der Binnenmarkt ist kleiner als der Großraum von London oder Paris; in dem Land werden vier verschiedene Sprachen gesprochen; es gibt praktisch keine Bodenschätze oder sonstige natürliche Ressourcen, die sich ausbeuten ließen (außer der Wasserkraft, die in Elektrizität umgewandelt wird, einigen Salzvorkommen und ein wenig Fisch); und da die Schweiz weder Kolonien besitzt noch Mitglied der Europäischen Union ist, verfügt sie auch nicht über zollfrei zugängliche Absatzmärkte für die Produkte des Landes. Eigentlich müßten sich die Schweizer damit begnügen, ihre Kühe zu melken und Feldfrüchte zu hacken, um ihr Dasein zu fristen.

Statt dessen ist der Schweizer Franken als Geldanlage sicherer als Gold, und die Schweizer Wirtschaft ist so grundsolide wie der Granit des Matterhorns. Darüber hinaus sind die Schweizer das einzige Volk, neben dem die Texaner arm, die Deutschen ineffizient und die Franzosen undiplomatisch wirken.

Die Schweizer haben das höchste Pro-Kopf-Einkommen auf der Welt, und es ist kein Trost, daß sie kein bißchen Freude daran haben. Seit dem Beginn ihrer gemeinsamen Geschichte, dem Rütlischwur der Eidgenossen der drei Urkantone im Jahre 1291, behaupten die Schweizer immer wieder, daß ihr Erfolg vergänglich sei und alles bald in einem Meer von Tränen enden werde.

Starrköpfig, wie sie sind, weigern sie sich, daran zu glauben, daß sie erfolgreich sind und daß es ihnen gutgeht, und sie denken gar nicht daran, die Zahlen und Fakten zur Kenntnis zu nehmen, mit denen dies untermauert wird. So wie einem bemitleidenswerten Eselchen eine Rübe vor die Nase gehängt wird, damit es den Karren zieht, so strengen sich die Schweizer immer mehr an, um den Karren ihrer Wirtschaft immer schneller laufen zu lassen, und merken dabei gar nicht, daß sie das erstrebte Ziel längst erreicht haben.

Vielleicht ist es einfach selige Unwissenheit, was die Hummel entgegen allen Naturgesetzen in der Luft hält. Was die Schweizer zu solchen Überfliegern macht, sind jedenfalls nicht Naivität und Weltfremdheit. Es ist die tiefsitzende Furcht davor, eines Tages all das zu verlieren, wofür man sein Leben lang gearbeitet hat.

CH

Confoederatio Helvetica – die Schweizerische Eidgenossenschaft, wie dieses Land amtlich korrekt heißt, ist ein Bundesstaat mit dreiundzwanzig Kantonen, wovon drei Kantone aus je zwei Halbkantonen bestehen. Ein halber Kanton ist besser als keiner.

Diese Kantone sind wie Miniaturstaaten: Sie haben eine eigene Finanzverwaltung, erheben ihre eigenen Steuern und bestimmen autonom über deren Verwendung, es gibt kantonale Gerichte, eine jeweils eigene Kantonspolizei, und vom Schulwesen bis zur Führerscheinprüfung ist alles kantonal geregelt. In der Vergangenheit waren einige dieser Kantone in der Tat unabhängige Staaten, und in einigen glauben die Einwohner heute noch, dem wäre so.

Innerhalb dieser Kantone gibt es insgesamt über dreitausend Gemeinden mit Selbstverwaltung, von denen jede ihre eigenen Entscheidungen in öffentlichen Angelegenheiten trifft; das geht vom Wohlfahrtssystem über Gas-, Wasser- und Stromversorgung bis hin zum örtlichen Straßenbau und lokalen Feiertagen.

Normalerweise führt solch ein Ineinander und Durcheinander staatlicher Kompetenzen geradewegs ins Chaos. Die Schweizer haben es aber offensichtlich im Griff. Zum einen paßt die Bundesregierung in Bern darauf auf, daß nichts schiefläuft, und zum anderen gibt es ja noch das Schweizer Volk, sprich den Schweizer Stimmbürger, und das in dieser Form einzigartige System einer direkten Demokratie. Weil in der Schweiz alle drei Monate über alle möglichen politischen Fragen abgestimmt wird, ist der Schweizer Stimmbürger ein echter

Machtfaktor, dem man nicht so ohne weiteres ein X für ein U vormachen kann. In der Schweiz wedelt der Hund selbst mit dem Schwanz und nicht umgekehrt.

Erst wenn man sich über die Verästelungen und die wirklich weitgehenden autonomen Rechte im föderativen System der Schweiz und über all die Unterschiede hinsichtlich Sprache, Kultur und eigenständiger Tradition innerhalb der Schweiz vollends klargeworden ist, kann man ermessen, was sich hinter dem oft zitierten Ausspruch »*Den* Schweizer gibt es eigentlich gar nicht«, verbirgt.

Und dennoch, es gibt sie, ein bißchen versteckt zwar, in einem stillen Winkel von Westeuropa, in ihrem Land, das eine ganze Anzahl von Namen trägt: Schweiz, Suisse, Svizzera, Svizra und (für englischsprachige Zungen:) Switzerland.

Die Menschen hierzulande tun alles, um einen davon zu überzeugen, daß sie nicht in erster Linie Schweizer sind, sondern Zürcher, Berner, Waadtländer, Tessiner oder Genfer. Diese Liste ist so lang, wie die Anzahl der Alpentäler groß ist. Was sie gemeinsam haben, ist der leuchtendrote Schweizer Paß und das starke Bedürfnis, nicht so zu sein wie die Bewohner des Nachbartals. In ihrem Bemühen, anders zu sein, sind sich alle Schweizer sehr ähnlich.

Drei sind ein Verein

Der *Röstigraben*, der ungefähr entlang des Saane-Tals verläuft, trennt die deutschsprachigen von den französischsprachigen Landesteilen der Schweiz. Dieser Ausdruck hat sich in der Öffentlichkeit und in den Medien seit ein paar Jahren durchgesetzt, um den tiefgreifenden Mentalitätsunterschied zwischen den grundsoliden, langsamen, zuverlässigen, aber ziemlich steifen Rösti- (sprich: Rööschti-) Essern in Bern und noch weiter im Osten und den röstiverachtenden Welschen im Westteil der Schweiz zu markieren.

Die Welschen wiederum benutzen den Ausdruck *Outre-Sarine*, wenn sie von der Deutschschweiz und den Deutschschweizern sprechen; das Wort leitet sich von dem Fluß Sarine (deutsch: Saane) ab, der durch den Röstigraben fließt. Alles, was jenseits dieses Flusses (*outre Sarine*) liegt, gehört für sie zum Bereich des Unaussprechlichen.

Die andere natürliche Scheidelinie, die von Ost nach West verläuft und daher den Norden vom Süden trennt und damit die Deutschsprachigen von den Italienischsprachigen, ist unter dem Namen Alpen immerhin weltweit bekannt.

Das Gezerre zwischen den drei Hauptgruppen der germanischen, gallischen und lateinischen Bevölkerungsteile birgt natürlich mindestens genausoviel politisches Konfliktpotential wie im zweisprachigen Belgien oder Kanada, ganz zu schweigen von Nordirland oder den ethnischen Problemen in Bosnien. Es hat immer wieder einmal ein paar Risse im eisernen Panzer der Schweizer Bundesverfassung gegeben, zuletzt in den siebziger Jahren, als im französischsprachigen Teil des Kantons Bern die separatistische »Los von Bern«- Bewegung aktiv wurde, was 1978 sogar zur Bildung des neuen Kantons Jura führte, aber auch erst, nachdem ein, zwei Bömbchen gezündet wurden.

Die Unterschiede werden bei den alle paar Monate stattfindenden Abstimmungen offensichtlich. Die deutschsprachigen Stimmbürger entscheiden sich mehrheitlich für den Status quo und für durchgreifende Maßnahmen im Umweltschutz. Der Rest des Landes, und dazu sind auch die Basler zu zählen, die ja erst seit fünfhundert Jahren zur Eidgenossenschaft dazugehören, ist tendenziell für Veränderungen aufgeschlossen. Das Geheimnis, warum die Schweiz als Staat nicht auseinanderbricht, liegt einfach darin begründet, daß die Bevölkerung dank des einzigartigen Systems der direkten Demokratie nicht lange fackelt und etwaige Konflikte selbst löst. Es ist allerdings auch nicht unrealistisch, um nicht zu sagen zynisch, wenn man davon ausgeht, daß allfällige Reibungen in der Schweiz mit dem wirkungsvollsten Schmiermittel der Welt behoben werden: mit Geld.

Wie sie sich selbst sehen
Die Schweizer sind von dem unerschütterlichen Glauben durchdrungen, daß alles, was aus ihrem Lande hervorgeht, Schweizer Produkte und vor allem natürlich die Schweizer selbst, und alles, was auf Schweizer Boden wächst und gedeiht, beste Qualität(en) aufweist. Wenn daher im Supermarkt italienische Erdbeeren zum halben

Preis angeboten werden, werden die Schweizer trotzdem die teureren Schweizer Erdbeeren kaufen, weil sie sie selbstverständlich für die weitaus besseren halten.

Für ihre eigenen Mitbürger haben sie kaum ein gutes Wort übrig. Stadtbewohner bespötteln ihre Vettern auf dem Lande als hinterwäldlerisch und vertrauensselig, während diesen wiederum die Stadtmenschen höchst verdächtig sind, denen sie Oberflächlichkeit und Falschheit unterstellen.

Auch zwischen den Schweizer Städten gibt es lebhafte Rivalitäten. Wegen des internationalen Flughafens, der ortsansässigen High-Tech-Firmen und des ebenso diskret wie effizient funktionierenden Bankgewerbes hält man sich in Zürich für die einzige Schweizer Stadt von Weltformat. Die Einwohner von Bern werden allerdings nicht müde, überaus freundlich darauf hinzuweisen, daß Zürich nicht die Hauptstadt ist.

Gemeinsam blicken sowohl die langsamen Berner als auch die schneidigen Zürcher wiederum auf die Basler herab. Im Dreiländereck in gefährlicher Nähe zu Deutschland und Frankreich gelegen, sind dort vor allem die weniger wohlriechenden Industrieanlagen der Schweiz versammelt. Basel wird daher für einschlägig infiziert und kontaminiert gehalten, also für ein wenig unschweizerisch. Dank ihres sprühenden Humors verfügen die Basler jedoch über eine treffliche Rückhand, mit der sie die Bälle jederzeit ins gegnerische Feld zurückschlagen, und sie lassen ihrerseits keine Gelegenheit aus, den konkurrierenden Großstädten eine Nase zu drehen. Hunderte von Baslern und Zürchern fahren täglich in die jeweils andere Stadt zur Arbeit. Ein jeder ist von

»seiner« Stadt durch und durch überzeugt, und keiner denkt auch nur im Traum daran, nur aus beruflichen Gründen in die andere Stadt zu ziehen.

Genf haftet, wie Basel, der Ruf an, etwas unschweizerisch zu sein. Täglich kommen Tausende von Franzosen über die Grenze, weil sich in Genf ihr Bankschalter, ihre Ladentheke oder ihre Werkbank befindet. Und bei einem Fünftel der Einwohner von Genf ist die Muttersprache Englisch. Ähnliche Städterivalitäten gibt es auch im Tessin zwischen Lugano und Locarno. Touristen verwechseln Lugano (am Luganer See) und Locarno (am viel größeren Lago Maggiore) sehr oft, aber für die Tessiner sind es zwei völlig verschiedene Welten. Gemeinsam ist ihnen lediglich, daß keine von beiden Kantonshauptstadt ist. Das ist das viel kleinere Bellinzona.

Wie sie die anderen sehen

Auch wenn die Schweizer mit ihren inländischen Erdbeeren glücklich und zufrieden sind, so plagen sie sich doch mit vielerlei Problemen – ja, eigentlich wird ihnen alles zum Problem. Das größte Problem besteht darin herauszufinden, ob sich jemand gerade etwas ausgedacht hat, wie man irgend etwas, was die Schweizer gut machen, besser machen kann. Deshalb spähen sie ständig nach, was im Nachbartal vor sich geht, was im ganzen Land und was in der übrigen Welt passiert.

Die Schweiz ist weder Mitglied der Vereinten Nationen noch der Nato, noch der Europäischen Union. Die offizielle Begründung dafür lautet, daß dies mit der Schweizer Neutralität nicht vereinbar sei. Der eigentliche Grund besteht jedoch darin, daß sich die Schweizer selbst nicht für wert erachten, solch erhabenen internationalen Organisationen anzugehören. Als es darum ging, ob sich die Schweiz dem Europäischen Wirtschaftsraum anschließen sollte, stimmte das Schweizer Volk mit Nein, weil man sich nicht auf eine Rutschbahn in Richtung EU-Mitgliedschaft setzen lassen wollte. Niemand vermochte die Schweizer davon zu überzeugen, daß es große Vorteile mit sich bringen könnte, einem Arme-Leute-Verein beizutreten. Aber seither werden sie von der Furcht umgetrieben, die falsche Entscheidung getroffen zu haben.

Mit Amerika verbindet die Schweizer eine Art langanhaltender Liebesbeziehung. Gegensätze ziehen sich bekanntlich an, und die Vereinigten Staaten sind eben in allem das Gegenteil von der Schweiz. Amerika ist ein riesiges Land mit einer dennoch recht einheitlichen Zivilisation. Die Schweiz ist klein und in viele Partikularkulturen aufgespalten. Die Schweizer stellen sich die Amerikaner als unbekümmerte Cowboys vor, die nach Lust und Laune die unberührten Weiten des Landes durchstreifen, während sie selbst unter einem kleinlichen bürokratischen System ächzen und die Bürde rigider bürgerlicher Normen zu tragen haben, wobei jeder Fehltritt mit gesellschaftlicher Ächtung geahndet wird. Das Unerhörteste, was sich ein Schweizer leisten kann, ist, sich einen amerikanischen Wagen zu kaufen, und es ist überraschend, wie viele dies tun.

Die Briten werden dafür bewundert, daß sie sich die halbe Welt untertan gemacht haben, ohne Schuldgefühle dabei zu haben; und dann alles wieder verloren zu haben, ohne sich als Versager zu fühlen. Den Briten sieht der Schweizer immer noch als Tee trinkenden Gentleman, trotz der Horden britischer Fußballhooligans, die in ganz Europa die Stadien kurz und klein schlagen.

Weil die Deutschen so ein ungebrochenes Selbstbewußtsein besitzen, machen die Schweizer keinen Hehl daraus, daß sie diese nicht mögen, ganz abgesehen davon, daß die Deutschen darum beneidet werden, so gut Deutsch sprechen zu können. Die Franzosen nehmen den Schweizern einfach den Atem, dank ihres Charmes, ihres Esprits und ihres *savoir vivre*. Und die Österreicher hält man für angenehme Nachbarn, auf deren Kosten man gelegentlich einen Witz machen kann.

Solange sie davon nicht überrollt werden, sondern nur kleine Portionen verabreicht bekommen, lassen sich die Schweizer gerne auf alles ein, was »von draußen« kommt, ja manchmal sind sie geradezu gierig danach. Dabei darf man allerdings nicht übersehen, daß es einen gewaltigen Unterschied gibt zwischen »von draußen« und »fremd«. Da es den Schweizern nicht leichtfällt zu definieren, was schweizerisch ist, tun sie sich natürlich auch umgekehrt schwer damit, zu definieren, was unter »fremd« zu verstehen ist. Beinahe zwanzig Prozent der Wohnbevölkerung in der Schweiz sind Fremde. Um als Schweizer Staatsbürger in Betracht gezogen zu werden, muß man entweder Schweizer Eltern haben oder einen Schweizer Ehepartner, oder man muß Künstler sein, noch besser ein reicher Künstler, oder man muß mindestens zehn Jahre im Land gelebt haben.

Jenes nicht-schweizerische Fünftel der Bevölkerung liefert den übrigen vier Fünfteln der Bevölkerung die willkommene Ausrede, falls irgendwo irgend etwas nicht dem perfekten Schweizer Standard entspricht. Lahme Bedienung im Restaurant, ungepflegte Gärten, laute Nachbarn, ungewaschene Autos, ein Outfit, das nicht der neuesten Mode entspricht – für sämtliche Mißstände wird stets dieser beliebte Sündenbock verantwortlich gemacht. Mit wissenden Blicken wird unterstellt, daß die Schuldigen keine Schweizer sein können; auch keine Touristen, die sowieso Narrenfreiheit genießen, sondern – Ausländer.

Wie sie von anderen gesehen werden
Sie werden nicht gesehen.

So wie die die Schwerkraft überwindende Flugleistung der Hummel ein treffender Vergleich für die unerklärbare Prosperität der schweizerischen Wirtschaft ist, so ist die Fähigkeit des Chamäleons, sich bis zur Ununterscheidbarkeit seiner Umgebung anzupassen, das beste Beispiel dafür, wie die Schweizer es schaffen, von anderen nicht wahrgenommen zu werden.

Die französischsprachigen Schweizer sind kaum von ungewöhnlich pingeligen Franzosen zu unterscheiden. Die Italienisch sprechenden Schweizer kann man nur allzu leicht für etwas förmlich-steife Italiener halten. Und die Deutschschweizer verwechselt man schnell mit besonders behäbigen Deutschen.

Der Typus des Schweizers ist so uneinheitlich, daß es gar nicht so leicht ist, ihn mit wenigen Strichen zu karikieren. Weil die Touristen danach verlangen, verkauft man ihnen gerne Kuckucksuhren gegen harte Schweizer Franken, aber eigentlich kommen Kuckucksuhren aus dem Schwarzwald und sind für den Geschmack der Schweizer viel zu kitschig. Es stimmt zwar, daß die Schweizer Armee unter anderem mit Sackmessern ausgerüstet ist, aber es handelt sich nicht um die an jedem Autobahnkiosk zu erwerbende Version mit Scherchen, Pinzette, Zahnstocher, Nagelfeile, Zapfenzieher und Hufkratzer.

Die Schweizer machen sich sehr viele Gedanken über ihr Image als Nation, darüber, welchen Eindruck sie auf andere Völker machen. Sie sind der festen Überzeugung, daß sie vom Rest der Welt andauernd beobachtet und kritisiert werden. Da sie dies ständig bei sich selbst tun, ziehen sie die Schlußfolgerung, andere würden es bei ihnen ebenfalls tun. Folglich treibt es sie zur Verzweiflung, wenn von überseeischen Ausländern »Switzerland« als Teil von Süddeutschland angesehen oder mit Österreich verwechselt wird oder, was gar nicht so selten vorkommt, mit Schweden. Dies hat seine Ursache darin, daß es sich bei beiden um neutrale Staaten handelt, »Sweden« und »Switzerland« mit »Sw« beginnen und sich bei beiden Ländern sofort die Assoziation »Schnee« einstellt. Bemerkenswert für die Außenwahrnehmung der Schweiz ist auch die Tatsache, daß die Frage nach der Schweizer Hauptstadt als kniffliges Problem in Kreuzworträtseln gilt. Genf, die international bekannteste Stadt, ist es jedenfalls nicht und auch nicht Zürich, welches die größte Stadt in der Schweiz ist. Übrigens auch nicht Interlaken, wie nicht wenige Touristen meinen, sondern Bern.

Solche Mißverständnisse werden hierzulande durch den großzügigen Gebrauch des Begriffs »Helvetia« noch verstärkt, welcher bei angehenden Briefmarkensammlern immer wieder große Verwirrung stiftet. Ähnlich verhält es sich mit dem Nationalitätenkennzeichen an Autos. CH ? CH steht für *Confoederatio Helvetica*, was nichts anderes bedeutet als Schweizerische Eidgenossenschaft. Für den offiziellen Staatsnamen wählte man Latein, weil die Schweizer sich nicht auf eine ihrer vier Sprachen einigen konnten.

Wenn die Schweizer von anderen als behäbig und langweilig, gleichwohl rücksichtslos effizient und über die Maßen fleißig angesehen werden, so kommt diese Einschätzung der Wirklichkeit verdammt nahe. Wenn man mit der Schweiz Alpengipfel, Präzisionsuhren, Käse (mit und ohne Löcher), Schokoladenriegel und Goldschätze in Banktresoren verbindet, so stimmen diese Klischeevorstellungen mit der Wirklichkeit vollkommen überein.

Klischee & Vorurteil

Da die Schweiz weder über Schwerindustrie noch über Millionenstädte verfügt, handelt es sich um ein Bauernland.

Menschen, die es fertigbringen, sich mit der Bewirtschaftung von senkrecht abfallenden Berghängen eine Existenzgrundlage zu schaffen, müssen schon ein besonderer Schlag sein. Denn einsam ist das Leben in einem Bergbauernhof, wo die Beziehungen zu den Mitmenschen weitaus schwerer gedeihen als die Kartoffeln auf dem Acker.

(Die Subventionen, die hierzulande für bäuerliche Betriebe gezahlt werden, müssen bei dieser Betrachtung allerdings unberücksichtigt bleiben. Neben diesen Beträgen wirken nämlich die Summen, die mit der agrarpolitischen Gießkanne über die Landwirte der EU ausgeschüttet werden, wie *peanuts*.)

Der schweizerische Landwirt ist ein rauher, hart arbeitender, schweigsamer und sehr auf seine Unabhängigkeit bedachter Geselle. Keine Naturkatastrophe kann ihn erschüttern. Und er ist erzkonservativ.

Der schweizerische Stadtbewohner hat dieselben Eigenheiten. Er bewältigt seinen Alltag genauso, als ob er einen Bauernhof in einer abgelegenen Gebirgsregion bewirtschaften müßte.

Das Erziehungswesen trägt auch nicht viel dazu bei, die individuelle Entfaltung der Persönlichkeit zu fördern. Nimmt man noch die bei Gebirgsvölkern überall anzutreffende Eigenbrötelei hinzu, so wird klar, warum den Schweizern jeder verdächtig erscheint, der sich selbstbewußt in der Öffentlichkeit zu artikulieren versteht.

Die Bodenbeschaffenheit der Schweiz färbt deutlich auf die Gemüter und die Gesinnung ihrer Bewohner ab – hohe Berge überragen die Landschaft und die schweizerische Denkart. Für Gedankenaustausch ist diese geistige Geographie der isolierten Täler nicht geschaffen. Gleichzeitig jedoch beschäftigen sich die Schweizer in ihrem jeweils eigenen Gedankental voller Bangen damit, wie es im Nachbartal aussehen und ob das Gras dort vielleicht grüner sein könnte.

Das Schlimmste ist gerade gut genug

Überall auf der Welt sind Farmer, Landwirte, Bauern die ersten und ausdauerndsten, wenn es darum geht, sich zu beklagen. Nichts ist ihnen jemals recht zu machen. Mal ist es zu trocken, mal ist es zu feucht, mal ist zu viel Wind. Und die Preise, die sie für ihre Ernten erzielen, sind niemals hoch genug.

Der nicht-agrarische Sektor der Schweiz hat diese Haltung schnell übernommen, so daß das ganze Volk niemals mit dem zufrieden ist, was es hat, und sich unablässig darin aufreibt, unerreichbare Perfektion anzustreben.

Die Schweizer haben diese negative Einstellung dermaßen auf die Spitze getrieben, daß sie sich ins Positive verkehrt. Sie haben den Dreh heraus, wie man in jeder Situation die Kehrseite der Medaille erkennt. Die Haltung notorischer Optimisten mit ihrem »Es wird schon schiefgehen« ist nichts für die Schweizer. Sie sind sich sicher, daß es wirklich schiefgehen wird.

Man könnte die schweizerische Version von Murphys Gesetz, welches besagt, das alles, was schiefgehen kann, schiefgeht, vielleicht Müllers Gesetz nennen. Es besagt: »Was immer schiefgehen kann, geht schief – aber wir sind auf alles vorbereitet.«

Der Bangigkeitskoeffizient

Die Schweizer haben stets das Gefühl, daß es auf dieser Welt zu viele Menschen gibt, die es sich einfach nur gutgehen lassen, anstatt fleißig zu arbeiten und sich auf das nächste Unglück vorzubereiten. Also lastet auf ihren Schultern die Verantwortung für die weniger verantwortungsbewußten Völker, das heißt, den Rest der Welt.

Wiederum zeigt sich, wie unterschiedlich die Schweizer sind, an ihrem jeweiligen Bangigkeitskoeffizienten. Die Deutschschweizer tun fast nichts anderes, als wegen allem und jedem den Teufel an die Wand zu malen, also ist der Bangigkeitskoeffizient bei ihnen sehr hoch. Die frankophonen Welschschweizer sind große Philosophen voll nobler Gedanken, großer Träume und globaler Visionen. Ihr Bangigkeitskoeffizient wird dadurch etwas beeinträchtigt. Die Italienisch sprechenden Schweizer haben eine beunruhigende Tendenz, bei weitem nicht genug bange zu sein. Glücklicherweise machen sie nur zehn Prozent der Bevölkerung aus.

Es mag sein, daß die Deutschen die Schuld am Ausbruch zweier Weltkriege in diesem Jahrhundert zu tragen haben. Die Schweizer tragen auf jeden Fall die Schuld daran, weder einen Krieg noch sonst etwas angezettelt zu haben. Das Leben ist eine ernste Angelegenheit, besonders wenn man in einer direkten Demokratie lebt, in der die Gemeinschaft sich selbst regiert. Wo immerzu lebenswichtige Entscheidungen im Hinblick auf den Fortbestand des Staates getroffen werden müssen, bleibt kein Platz für Leichtsinnigkeiten.

Es wird erwartet, ständig in Angst und Bange zu leben und auf das Schlimmste gefaßt zu sein. Der nächste Super-GAU steht schon vor der Tür. Kein Gebäude wird errichtet ohne einen atomsicheren Bunker im Keller. Während sich das übrige Europa nach dem Ende des kalten Krieges entspannt zurücklehnt, proben die Schweizer den Ernstfall und horten Vorräte, um den nuklearen Winter überstehen zu können. Jedes Jahr werden die Bürger mit ohrenbetäubendem Sirengeheul überzogen, wenn diese Warnanlagen getestet werden, damit sie im Falle von Überschwemmungen, Nuklearangriffen, Erdbeben, Vulkanausbrüchen und so weiter auch wirklich funktionieren.

Nur in der Schweiz kann es passieren, daß sich die Regierung Sorgen über ein so vergleichsweise unbedeutendes Problem wie ein drohendes Haushaltsdefizit macht. Nur in der Schweiz kann es passieren, daß die Regierung einen Plan zur Eindämmung der Schulden der öffentlichen Hand durch Steuererhöhungen vorlegt. Und nur in der Schweiz kann es passieren, daß sich die Bürger bei der Abstimmung für diese Steuererhöhung aussprechen, damit das Haushaltsdefizit beseitigt werden kann.

Die Schweizer geben gerne zu, daß sie zu ernsthaft sind und sich zu sehr an Gesetze und Vorschriften halten. Aber wenn es darauf ankommt, wissen sie sich nicht anders zu helfen und fallen wieder in die gewohnten Verhaltensmuster zurück. *Don' t be happy, just worry!*

Werte & Wandel

Da die Schweizer keinen Glauben an sich selbst haben, glauben sie statt dessen an viele andere Dinge. Ganz oben auf dieser Liste stehen Arbeit, Büroarbeit, Erziehung, Arbeit, Ausbildung, der Schweizer Franken, Arbeit und selbst der liebe Gott.

Die Schweizer sind zu 48 % katholisch und zu 44 % protestantisch, und der Rest verteilt sich auf mehr oder weniger obskure Sekten; manche sind so obskur, daß sie kollektiven Selbstmord begehen. Die Kirche hat in der Schweiz einen größeren Einfluß als in vielen anderen westlichen Gesellschaften. Davon zeugt das allgegenwärtige Glockengeläute, das von Touristen als ganz entzückend empfunden wird, von vielen vorzeitig ertaubten, in Kirchturmnähe wohnenden Schweizern jedoch keineswegs im gleichen Maße geschätzt wird.

Der Klang der Glocken und der Klang der Münze

Die Glocken schlagen zu jeder Stunde, egal, ob es Tag oder Nacht ist. Sie zeigen den Bauern an, wann es Zeit zum Mittagessen ist und wann sie ihre Arbeit wieder aufnehmen müssen. Samstags werden die Gläubigen daran erinnert, daß am nächsten Tag Sonntag ist, und am Sonntag, daß dies »ihr« Tag ist.

Die Sonntage sind heilig, genauso wie die übrigen sechs Tage der Woche. Nachdem sie sich unter der Woche bei der Arbeit restlos verausgabt haben, gönnen sich die Schweizer am Sonntag einen echten Ruhetag. Die gewaschene Wäsche raushängen, den Garten umgraben, den Wagen waschen – all das ist am Sonntag verboten. Lastkraftwagen dürfen nicht fahren, dafür können aber die privaten Automobilisten ausprobieren, wie lang der Stau hinter ihnen wird, wenn sie an einem sonnigen Tag auf einer normalerweise wenig befahrenen Landstraße herumkutschieren.

Die katholischen und die protestantischen Kirchen in der Schweiz finanzieren sich hauptsächlich über die Einkommensteuer. In vielen Kantonen wird das religiöse Bekenntnis in der Steuererklärung festgehalten und ein Zuschlag zur Steuerschuld hinzuaddiert. Mit dieser Regelung können alle zufrieden sein. Die Schweizer Atheisten können sich um so mehr am Hier und Jetzt erfreuen, als sie mangels Religionszugehörigkeit die Kirchensteuer sparen, und diejenigen, die sie zahlen, können sie als eine Art Nachlebensversicherung ansehen.

Der Schweizer Protestantismus, dem ein beachtlicher Teil der Schweizer Bevölkerung zuzurechnen ist, wurde stark von Reformatoren wie Calvin und Zwingli beeinflußt. Diese predigten die Tugenden eines einfachen Lebens und unterstrichen die Bedeutung von Familie, Demut und harter Arbeit. Konsumgüter auf Kredit zu kaufen wird immer noch mit Stirnrunzeln betrachtet.

Sparsamkeit ist ein Grundzug des schweizerischen Wesens: Zeit sparen, Energie sparen, aber am Wichtigsten: Geld sparen, das heißt, nicht nur Geld, sondern Schweizer Franken.

Die Sparrate in der Schweiz ist die zweithöchste nach Japan. Sparen vor dem Kaufen ist das Vernünftigste, vorausgesetzt man ist nicht schon vorher an Langeweile gestorben.

Geld stinkt nicht

Eine Gesellschaft von Kleinbauern ist eine klassenlose Gesellschaft, und daher sind die Schweizer eine klassenlose Gesellschaft. Man unterscheidet einzig zwischen reich und sehr reich. Es gibt auch arme Leute in der Schweiz, aber da Armut ganz überwiegend als Ergebnis persönlichen Versagens angesehen wird (weil man nicht fleißig genug gearbeitet hat), halten sich die Armen sehr bedeckt.

Die Einstellung der Schweizer zum Geld lautet: »Man spricht nicht darüber, man hat es.« Es gibt sogar Vorschriften, die auf diesem Prinzip gründen: Schweizerische Arbeitsverträge enthalten eine Klausel, wonach es den Arbeitnehmern verboten ist, ihre Bezüge gegenüber ihren Kollegen offenzulegen. Ebensowenig ist es gestattet, in Stellenanzeigen Gehaltssummen zu nennen.

Als Mercedes anfing, Wagen ohne Typenbezeichnung am Heck herauszubringen, waren diese vielleicht ausschließlich für den Schweizer Markt bestimmt. Es ist schon eine spezielle Art von diskreter Prahlerei, sich für eine Unsumme eine Nobelkarosse zu kaufen, auf der die Typenbezeichnung fehlt, und somit seine Nachbarn im unklaren darüber zu lassen, wieviel sie gekostet hat. Dies ist jedoch genau die Art, wie die Schweizer mit ihrem Reichtum umgehen: ihn zur Schau stellen, aber die Preisschilder weglassen.

500- und 1000-Franken-Scheine sind hierzulande nicht nur im Umlauf, sie werden auch ganz selbstverständlich bei der Zahlung akzeptiert. Es ist keineswegs ungewöhnlich, daß Schweizer Hausfrauen, die nur einen Laib Brot gekauft haben, an der Supermarktkasse einen 1000-Franken-Schein zücken. Da läuten keine Alarmglocken, da kreuzt kein Wachmann auf. Die Banknote wird ohne Stirnrunzeln entgegengenommen. Es wird nur ein flüchtiger Blick darauf geworfen und nicht etwa umständlich untersucht, ob sie echt ist. Und, was genauso bemerkenswert ist, das Wechselgeld wird ohne weiteres herausgegeben.

Der Preis stimmt
Besucher, die aus Ländern mit schwachen Währungen in die Schweiz kommen (zum Beispiel die gesamte übrige Welt), müssen sich auf einen Schock gefaßt machen.

Für die Schweizer selbst sind die Preise in ihrem Land nicht besonders hoch (was sie natürlich abstreiten). Die Schweizerische Bankgesellschaft, eine der drei großen Geschäftsbanken, publiziert jährlich eine Vergleichsliste »Preise und Löhne weltweit«. Daraus erhellt, daß ein Zürcher Buschauffeur nach Abzug der Steuern und

Sozialbeiträge fast zweimal soviel verdient wie ein Abtei-
lungsleiter in einem durchschnittlichen Industriebetrieb
im sonstigen Westeuropa. Und ein Zürcher Abteilungs-
leiter verdient das Dreifache von dem, was ein New Yorker Buschauffeur mit nach Hause bringt. Der New Yorker
Busfahrer muß sich mit der Hälfte dessen zufrieden-
geben, was sein Kollege in Zürich verdient, ein Londoner
Busfahrer mit wenig mehr als einem Viertel.

Die Preise in der Schweiz sind hoch. Das muß so sein,
denn man muß das Geld für die höchsten Stundenlöhne
der Welt hereinholen. Eine Aushilfskraft, die im Supermarkt die Regale auffüllt, bekommt dafür zwanzig Franken pro Stunde.

Sitten & Gebräuche

Man sagt den Schweizern nach, sie seien ein unendlich höfliches Volk. Allerdings verwechselt man dabei ihre Steifheit und Zurückhaltung, um nicht zu sagen Schüchternheit, nur allzu leicht mit guten Manieren.

Schweizer Höflichkeit findet am häufigsten ihren Ausdruck im Händeschütteln, das sehr ausführliche Formen annehmen kann. Sogar Schulkinder kann man dabei beobachten, daß sie einander die Hand geben, wenn sie sich auf der Straße treffen oder sich voneinander verabschieden. Sobald man in einem Geschäft eine größere Summe ausgegeben hat, wird man als Kunde unter heftigem Händeschütteln verabschiedet. Von diesem Moment an ist man für die Händeschüttel-Liste dieses Etablissements qualifiziert, so daß einem bei jedem Betreten des Lokals die Hand gründlich geschüttelt wird.

Ob man Stammkunde ist oder nicht, man wird in allen Schweizer Geschäften freundlich begrüßt, und zum Abschied wird oft »Und einen schönen Tag noch« gewünscht, was am Samstag zu »Einen schönen Sonntag« abgewandelt wird.

Namensgedächtnis

In der Schweiz ist es wichtig, daß man stets die Namen anderer Menschen parat hat. Dem Schweizer ist es unmöglich, seinen Nachbarn morgens einfach mit »Guten Morgen« zu begrüßen, immer muß der Name hinzugefügt werden. Falls man sich an den Namen nicht erinnern kann, muß man in der Wohnung bleiben, bis er einem wieder einfällt.

Auch am Telefon meldet man sich, indem man seinen Namen sagt. Es gilt als unhöflich, sich einfach nur mit »hallo« zu melden, es tönt einem immer der Nachname entgegen. Dasselbe gilt, wenn das Gespräch beendet ist. Man sagt nicht einfach »auf Wiedersehen«, sondern man muß unbedingt noch den Namen des Gesprächspartners hinzufügen.

Ob privat oder geschäftlich – so geht es immer. Auch wenn man bespielsweise die Telefonauskunft oder die Zugauskunft am Bahnhof anruft, das erste, was man tut, ist, seinen eigenen Namen zu nennen. Bei dieser Übung kommt es einfach nur darauf an, herauszufinden, ob die Auskunftsperson sich am Ende des Gesprächs noch an den Namen des Anrufers erinnern kann.

Schweizer Kinderstube

Wenn man die Tünche äußerlicher Höflichkeitsformen wegkratzt, zeigt sich die klassenlose Schweizer Gesellschaft bäuerlichen Ursprungs wieder in aller Deutlichkeit – und die Manieren sind oft dementsprechend. Man sollte bespielsweise nicht erwarten, daß die Schweizer

33

sich bei irgendeiner Gelegenheit hintereinander in einer Reihe anstellen. Die Sitte des Schlangestehens ist hierzulande praktisch unbekannt. Jeder, der einmal die Drängelei vor einem Skilift erlebt hat, kann dies bestätigen.

In größeren Städten kann man immer wieder beobachten, wie sich Fußgänger gegenseitig anrempeln und beim Betreten von Gebäuden den Nachfolgenden die Tür vor der Nase zuschlagen. Wenn ein Bus an einer Haltestelle ankommt, entbrennt ein Kampf aller gegen alle, und jeder Fahrgast muß zusehen, wie er sich beim Aussteigen eine Schneise durch die Menschentraube schlagen kann, die auf dem Gehsteig darauf wartet, den Bus stürmen zu können. In und vor Aufzügen kann man ähnliche Phänomene beobachten. Die Stadtbewohner in der Schweiz verbringen sehr viel Zeit damit, hektisch von hier nach da und von da nach dort zu eilen. Sobald sie aber den Fuß auf eine Rolltreppe gesetzt haben, gönnen sie sich gerne eine Atempause. Aber sie bleiben nicht einfach rechts stehen und lassen andere links vorbeigehen, sondern sie klumpen zu praktisch undurchdringlichen Menschengruppen zusammen, und zwingen so alle anderen ebenfalls zu müßigem Verweilen auf der Rolltreppe.

In der Öffentlichkeit wird vernehmlich gehustet, sich unter Trompetengetöse die Nase geputzt und sogar ausgespuckt. Das Ausspucken auf der Straße ist die bei weitem ekelhafteste Angewohnheit, vor allem im Winter, wenn der Auswurf bei Minusgraden anfriert und eine tückisch glatte Fußgängerfalle bildet, bis es im Frühling taut.

Auch die Tischmanieren sind oft eher robust, allerdings mit einer bemerkenswerten Ausnahme, wenn nämlich Wein getrunken wird. Kein Schweizer wagt es in Gesellschaft, einen Schluck Wein zu sich zu nehmen, bevor man nicht jedermann am Tisch in einem umständlichen Ritual zugeprostet hat. Es ist das alleinige Vorrecht des Gastgebers, mit diesem Ritual zu beginnen. Gelegentlich wird dies vergessen, und dann ist das Mahl schon halb vorüber, wenn dem Gastgeber plötzlich einfällt, endlich »das Glas zu erheben«. Mit einem Mal verstummen alle Gespräche, die Gäste greifen nach ihren Gläsern und halten sie über Schulterhöhe. Man wendet sich jedem der Anwesenden zu, blickt ihm in die Augen und sagt dabei »Zum Wohl...« (Hinzufügen des Namens nicht vergessen!). Dann stoßen alle miteinander an, um sich zu vergewissern, ob der Gastgeber auch das gute Bleikristall auf den Tisch gestellt hat. Je mehr Gäste versammelt sind, desto mehr Zeit nimmt dieser Vorgang in Anspruch. An einem Tisch mit vier Personen wird die Haltbarkeit des Trinkgefäßes sechsmal auf die Probe gestellt, bei sechs Personen fünfzehnmal und bei fünfzehn Personen überstehen nur dickwandige Gläser die Prozedur, von den Weintrinkern ganz zu schweigen.

Es gilt als unhöflich, wenn man zu einer Einladung zu früh erscheint, aber es wird als unverzeihlich betrachtet, zu spät zu kommen. Im Konfliktfall entscheiden sich die Schweizer dafür, lieber vor der Zeit da zu sein und den Gastgeber bei seinen letzten Vorbereitungen in Verlegenheit zu bringen, als sich ein paar Minuten zu verspäten und damit die heiligste aller Regeln zu brechen.

Wenn die Zeit zum Aufbruch gekommen ist, kann sich der Abend doch noch gewaltig in die Länge ziehen, da keiner der Anwesenden als unhöflich in Erscheinung treten möchte, indem man die anderen verläßt. Ein Abschied auf schweizerisch durchläuft mehrere Phasen, und es dauert manchmal eine Stunde von der ersten, noch im Sitzen gemachten Äußerung, daß es nun Zeit zum Gehen sei, bis sich die Tür hinter den Gästen geschlossen hat. Dazwischen liegen mehrere Intervalle im Stehen, erst ohne Mäntel, dann mit bereits übergezogenen Mänteln. Oft finden die lebhaftesten Unterhaltungen an so einem Abend auf der Türschwelle oder im Treppenhaus beziehungsweise auf der Straße statt.

Schweizer Kinder

Traditionellerweise wird die Jugend nach dem überkommenen Prinzip erzogen, daß man Kinder sehen, aber nicht hören sollte. In der Schweiz ist die Erziehung im allgemeinen autoritär; von den Kindern wird nicht erwartet, daß sie das in Frage stellen, was man ihnen beigebracht hat.

Aber vielleicht ist es als Reaktion auf den pflichtbewußten Arbeitseifer ihrer Eltern zu deuten, daß die schweizerischen Jugendlichen zu den radikalsten in ganz Europa gehören. Sie können es sich gut leisten, radikal zu sein, da angenommen werden kann, daß die Höhe ihres Sackgeldes (Taschengeld) dem Bruttosozialprodukt kleinerer afrikanischer Staaten entspricht.

Kulte & Rituale

Frische Luft

Mit vielen Dingen treiben die Schweizer einen regel-
rechten Kult. Besonders wenn es um ihre Luft geht, verstehen sie keinen Spaß mehr.

Unkontrollierte Luftbewegungen innerhalb eines Hau-
ses oder einer Wohnung gelten – unter dem Namen Zugluft – als Alltagsschrecken sondergleichen. Die Schweizer sind der festen Überzeugung, daß man sich alle
Krankheiten der Welt einhandelt, wenn man auch nur für
wenige Sekunden der Zugluft ausgesetzt war. Daher
werden beim Bau von Gebäuden in der Schweiz streng-
ste Vorkehrungen getroffen, um jede Möglichkeit des
Eintretens von Luft von außen zu verhindern. Lediglich
am Morgen werden alle Bedenken und Phobien beiseite
geräumt und sämtliche Fenster aufgerissen, damit die
Betten gelüftet werden können.

Die Art und das Ausmaß, wie man in der Schweiz um
die Qualität der Luft besorgt ist, hat unterdessen geradezu manische Züge angenommen. Sogar die strahlen-
sicheren Unterstände in den Häusern werden »Luft-
schutzkeller« genannt. Die Schweizer diskutieren die mit
der Luftverschmutzung verbundenen Probleme auf eine

Art und Weise, als sei ihr ringsherum von anderen Ländern umgebener Staat eine Insel mit eigener Frischluftversorgung und als hätte das, was die Nachbarländer in dieser Hinsicht tun oder unterlassen, keinen Einfluß auf die Schweiz.

In den Zeitungen wird täglich der aktuelle Stand der Ozon-, Schwefeldioxid- und Kohlendioxidbelastung bekanntgegeben. Das Ausmaß der Luftverschmutzung ist ein politisches Thema ersten Ranges, genauso wichtig wie das Ausmaß der Arbeitslosigkeit. Die Fähigkeit von Politikern, mit diesem Problem zurechtzukommen, kann wahlentscheidend sein.

Die Schweiz war das erste europäische Land, das den Einbau von Katalysatoren in Autos zur gesetzlichen Pflicht machte, und heute sind mehr als drei Viertel aller Wagen damit ausgerüstet. Sämtliche Heizungsanlagen werden regelmäßig hinsichtlich ihres Schadstoffausstoßes überprüft, und wenn sie den strengen Normen nicht standhalten, müssen sie auf Kosten des Eigentümers erneuert werden.

Die Ironie dabei ist, daß viele Schweizer starke Raucher sind und wenig dafür getan wird, um dieser Art von Luftverschmutzung Einhalt zu gebieten. In Restaurants findet sich selten ein Nichtraucher-Bereich, und die Preise für Zigaretten sind im europäischen Vergleich recht niedrig. Sogar die angesehene Schweizer Zeitung *Tages-Anzeiger* proklamiert den internationalen Nichtraucher-Tag als Raucher-Tag.

Kontrolle

Die Schweizer haben einen unersättlichen Drang, alles und jeden zu kontrollieren. Jeder Einwohner muß sich bei der Einwohnerkontrolle registrieren lassen, wenn er umzieht, wegzieht oder in einer Gemeinde neu zuzieht.

Selbst die Natur unterliegt dieser Art von Kontrolle: Schweizer Flüssen wird nicht erlaubt, gemächlich durch die Gegend zu mäandern und das Land zu überschwemmen, wo es ihnen gerade beliebt. Alle Flüsse sind hierzulande begradigt und in ausbetonierte Betten gezwängt, so daß es ihnen nicht mehr in den Sinn kommen kann, über die Ufer zu treten. In vielen Städten und Dörfern sind Flüsse und Bäche unterirdisch kanalisiert, um auf diese Weise mehr bebaubaren Grund zu gewinnen. Inzwischen gibt es einen Trend zu einer gewissen »Renaturierung«, aber das bedeutet nach wie vor, daß die Flüsse einem von Menschen gemachten Verlauf folgen und ihnen nicht gestattet wird, sich ihr eigenes Bett zu graben. Selbst hochalpine Alpenwiesen werden durch aufwendige Drainagesysteme entwässert. Deshalb stolpert man dort überall über Kanaldeckel.

Schnee heil!

Die Begleiterscheinungen des Winters in der Schweiz in Kombination mit dem schweizerischen Sauberkeits- und Kontrollfimmel führen dazu, daß selbst der Schnee innerhalb der Schweizer Landesgrenzen nicht einfach fallen kann, wo er will.

Sobald die ersten Flocken am Himmel erscheinen, setzt sich eine Armada von Schneepflügen in Bewegung, um den Schnee wegzuräumen, wegzublasen und kreuz und quer im ganzen Land hin und her zu schieben. Die Bauern montieren Schneeschaufeln vor ihre Traktoren, die städtischen und kantonalen Räumungsbediensteten springen in aufwendige, für jede erdenkliche Situation ausgerüstete Spezialfahrzeuge. Auf Autobahnen, Landstraßen und Fußgängerwegen sorgt eine technisch hochgerüstete Armee dafür, daß die weiße Invasion abgewehrt wird.

In den Städten und Gemeinden werden die Straßen, Trottoirs, Bus- und Straßenbahnhaltestellen gründlich von Schnee und Eis befreit. Auf riesigen Lastzügen wird die lästige Substanz auf Nimmerwiedersehen abtransportiert. Wenn über Nacht Schnee gefallen ist, sind die Hausbewohner schon im Morgengrauen damit beschäftigt, den Zugang zu ihrem Heim freizuschaufeln. In Paris, London oder New York ist bei einem Wintereinbruch das öffentliche Leben in der Regel tagelang lahmgelegt. In der Schweiz fahren die Züge nach wie vor pünktlich, die Flugzeuge können starten und landen, und die Angestellten und Arbeiter können ohne Verspätung ihr Büro oder ihre Fabrik erreichen.

Vom Winde verweht

Der Wind ist eines der wenigen Dinge, das die Schweizer bis jetzt noch nicht in den Griff bekommen haben. Besonders viel Ärger bereitet ihnen in dieser Hinsicht der

Föhn. Dieser alpine Fallwind kommt bei bestimmten Wetterlagen aus dem Mittelmeergebiet über die Berge. *Fön*, allerdings ohne »h« geschrieben, jedoch genauso ausgesprochen, ist bekanntlich das deutsche Wort für ein elektrisches Haartrocknungsgerät, und die beiden zufälligen Namensvettern haben hinsichtlich ihrer Wirkung auffällige Ähnlichkeiten. Beide produzieren einen Schwall warmer Luft, sie können sehr kurzlebig sein und funktionieren rein nach Belieben.

Man könnte nun meinen, so ein warmer Föhn ist genau das, was man sich im Norden der Schweiz an einem kalten grauen Wintertag wünscht. Weit gefehlt! Diese Naturerscheinung ist eine Heimsuchung, denn wenn der Föhn weht, bekommen die Leute Kopfschmerzen, die Selbstmordrate steigt, die Autounfälle nehmen zu, und die normalerweise so sanftmütigen Schweizer spielen verrückt. In anderen Ländern werden der Staat und die Politiker für sämtliche Mißstände verantwortlich gemacht, in der Schweiz ist es der Föhn.

Umweltluxus

Nachdem die Schweizer den höchsten Lebensstandard der Welt erreicht hatten, widmeten sie all ihr Trachten und Sinnen den Umweltproblemen.

Ungefähr eine halbe Million Menschen lebt in der größten urbanen Agglomeration der Schweiz rund um den Zürichsee. Wie alle Binnengewässer bietet sich dieser See als sozusagen natürliche Kloake und billige Abwasserdeponie an. Wiederum: Weit gefehlt! Der See ist klar und sauber, er ist ein wichtiges Trinkwasserreservoir, und im Sommer gibt es nichts Herrlicheres, als darin zu schwimmen.

Alles, was recycelt werden kann, wird recycelt – Glas, Aluminium, Blechdosen, Zeitungen, selbst Toilettenpapier. Es ist nicht gestattet, Bratenfett einfach in den Ausguß zu kippen; Stoffe, die die Umwelt belasten können, werden gesammelt, damit sie ordnungsgemäß beseitigt werden können.

Damit die Produzenten weniger Pappe und Papier verwenden, werden die Verbraucher dazu ermutigt, Verpackungsmaterial bereits in den Geschäften zu entfernen. Milch wird vorzugsweise in eiskalten, feuchten und wabbeligen Plastiktüten verkauft, damit die zur Herstellung anderer Behältnisse benötigten Wälder geschont werden und weniger sperriger Abfall entsteht. Papier- und Plastiktüten werden selbstverständlich so lange wiederverwendet, bis sie endgültig reißen.

Die Schweizer werden dazu gezwungen, zweimal, besser noch dreimal, nachzudenken, bevor sie irgend etwas wegwerfen. In vielen Gegenden wird der Abfall nur abtransportiert, wenn er sich in offiziell genehmigten Abfallsäcken befindet oder in Säcken mit bestimmten Aufklebern. Diese offiziellen Abfallsäcke oder Aufkleber kosten ein Vielfaches der normalen Säcke, was zum Phänomen des Abfalltourismus geführt hat. Da es Gemeinden gibt, die solch strenge Regelungen noch nicht eingeführt haben, bringen viele Leute ihren Müll einfach dorthin. Es ist im übrigen auch eine Erklärung dafür, warum auf Abfalltonnen an öffentlichen Plätzen der Hinweis KEINE HAUSHALTSABFÄLLE angebracht ist.

Sämtliche neuen Kühlschränke und Gefriergeräte dürfen nur zusammen mit einer Vignette verkauft werden, die der Käufer ebenfalls erwerben muß. Diese Vignette kann wieder eingelöst werden, wenn das alte Gerät mit seinen für die Ozonschicht schädlichen Fluorkohlenwasserstoffen an geeigneter Stelle abgeliefert wird, wo die ordnungsgemäße Entsorgung gewährleistet ist.

Das ultimative Recycling findet in der Schweiz allerdings auf den Friedhöfen statt. Da die Schweiz ein kleines Land ist, stehen Grund und Boden nur in beschränktem Ausmaß zu Verfügung, und sie sind teuer. Nachdem er fünfundzwanzig Jahre in der Erde geruht hat, muß der Schweizer Leichnam damit rechnen, zu Kompost umgegraben zu werden, damit das wertvolle Grab für einen anderen Verblichenen, der es dringender nötig hat, wiederverwertet werden kann.

An die Wand gefahren

Zum Auto haben die Schweizer eine Haßliebe-Beziehung. Auf der einen Seite gibt es in der Schweiz mehr Ferraris pro Kopf als in jedem anderen Land der Welt, auf der anderen Seite wenden sich viele Schweizer vehement gegen den Autoverkehr.

Autos und ihren Fahrern ist in den letzten Jahren einiges zugemutet worden. In den Städten ist die Anzahl der Parkplätze drastisch reduziert worden, Verkehrsampeln sind so eingestellt, daß gerade mal ein halbes Dutzend Wagen während der Grünphase passieren können –

dann heißt es für die dahinter fahrenden Automobilisten wieder warten und dabei den Motor abstellen, sonst droht eine Geldbuße. Anwohnern werden pro Jahr Hunderte von Franken für die Erlaubnis abgeknöpft, in ihrer Straße parken zu dürfen, ohne daß damit eine Garantie für einen freien Abstellplatz vor der Haustür verbunden wäre. Die erlaubte Höchstgeschwindigkeit, deren Einhaltung rigoros überwacht wird, wurde immer weiter reduziert, und die Benzinpreise wurden immer weiter erhöht. Sogar das Autobahnnetz des Landes wird unvollendet bleiben, da die Anti-Auto-Lobby sich mit ihrem Standpunkt durchgesetzt hat, daß mehr Straßen nur noch mehr Verkehr nach sich ziehen.

Als Reaktion darauf hat sich eine politische Partei gebildet, die die Interessen der geprügelten Autofahrer vertritt, die den höchst originellen Namen »Auto-Partei« trug und die mittlerweile in »Freiheits-Partei« umbenannt wurde. Es ist nicht ganz klar, wie Autos wählen würden, aber die Partei traf einen Nerv und gewann acht Sitze im Nationalrat, der großen Kammer des Schweizer Parlaments.

Flagge zeigen

Es gibt nur wenige Völker, die so gerne und so häufig die Nationalflagge aufziehen wie die Schweizer. Wenn man die Landesgrenze überschritten hat, wird man nicht im Zweifel darüber gelassen, daß man sich in der Schweiz befindet, überall flattern die Fahnen im Wind. Ihre Nationalflagge, *die* Ikone des Helvetentums, ist in vieler Hinsicht wie die Schweizer selbst – einfach und gut zu unterscheiden. Das weiße Kreuz auf dem roten Grund ist sauber, klar umrissen und deutlich, und es ist wie keine andere Nationalflagge auf der Welt – es ist quadratisch, praktisch, gut – wie das Volk.

Vom Industriewerk bis zum Schrebergarten, vom Grandhotel bis zur Alphütte, in der Schweiz braucht man keinen besonderen Anlaß, um das Schweizer Kreuz auszurollen. Außerdem gibt es ja nicht nur dieses Nationalsymbol, jeder Kanton hat ebenfalls seine eigene Fahne. Restaurantbesitzer in den Bergen ziehen gerne ein paar Fahnen an hohen Masten auf, um Vorbeifahrenden zu signalisieren, daß ihr Lokal geöffnet hat.

Baumaßnahmen

Die Schweizer haben schon vor langer Zeit die Hoffnung aufgegeben, irgend etwas preiswert herstellen zu können, daher haben sie ihre Nische in den entgegengesetzten Marktsegmenten gefunden. Natürlich kann man teure Dinge nur verkaufen, wenn sie höchste Qualität aufweisen – und die Schweiz ist ein Synonym für Qualität. Qualitätsbewußtsein ist auch so ein Fimmel der Schweizer. In Schweizer Häusern begnügt man sich einfach nicht mit Fallrohren aus Plastik wie in allen anderen Ländern der Welt. Nein, schweizerische Fallrohre und Regenrinnen müssen aus bestem Kupferrohr sein. Wie das meiste, was in der Schweiz hergestellt wird, sind sie solide wie Panzerplatten, als müßten sie tausend Jahre halten.

Beton, vorzugsweise ellendicker Stahlbeton, ist eines der beliebtesten Baumaterialien in der Schweiz. Ob es sich um Kirchen oder Gartenmauern, Gebirgstunnel oder Autobahnübergänge handelt, Beton ist so allgegenwärtig, daß man zu keinem anderen Schluß kommen kann: Die Schweizer halten ihn für schön.

In der Schweiz wird in Städten und Dörfern ständig renoviert. Kräne ragen über die Dachsilhouetten hinaus, und ein Gebäude nach dem anderen wird instandgesetzt. Oftmals werden die Häuser bis auf die Außenmauern entkernt. Dächer, Böden, Dreifachverglasung, Klimaanlage, Wasser- und Stromversorgung, Glasfiberkabel, alles wird neu installiert – in Luxusausführung.
Im Endergebnis sieht das Haus hinterher auf merkwürdige Weise genauso aus wie vorher. So geht es immer weiter. Wenn ein Haus fertig ist, kommt das nächste dran. Und nach zwanzig Jahren beginnt alles wieder von vorne.

Überall sonst auf der Welt besteht eine Bushaltestelle aus einem Pfahl mit dem entsprechenden Schild oben drauf. Schweizerische Bushaltestellen sind Millionen Franken teure Investitionen, zu denen eine eigene Stromversorgung für den computerisierten Billettautomaten gehört. Außerdem wird das Trottoir in der Umgebung der Haltestelle erneuert ebenso wie die Straße, die an dieser Stelle mit einem speziellen Belag versehen wird, der verhindert, daß die wartenden Passagiere von vorbeifahrenden Autos mit Regenwasser bespritzt werden. Selbstverständlich muß auf den Schildern auch etwas mehr stehen als das simple Wort BUSHALTE-STELLE. Deshalb hat jede Haltestelle ihren eigenen Namen. Nachdem jede Menge Beton ausgeschüttet wurde, wird endlich noch eine Sitzbank installiert sowie ein genormter Abfallbehälter für entwertete Fahrkarten (und keinesfalls für Haushaltsmüll).

Freizeit & Vergnügen

Jahrhundertelang haben sich die traditionsbewußten Schweizer damit begnügt, auf ihren Alpwiesen Kühe grasen zu lassen und in Alphörner zu blasen. Seit dem Beginn des zwanzigsten Jahrhunderts geht hier ein Wandel vonstatten, der in seinen Anfängen auf die Freizeitaktivitäten einiger müßiger Angehöriger der britischen Oberschicht zurückzuführen ist. Es werden zwar immer noch Kühe gemolken, und aus den Alphörnern erklingt immer noch ein melancholisches Tuten, aber in dieser Schokoladenreklame-Idylle gibt es auch ganz neue Töne.

Skifahren oder nicht skifahren, das ist hier die Frage
Die Schweizer haben das Skifahren nie mit demselben Fanatismus betrieben wie die Flachlandbewohner aus dem Ausland. Praktische Vernunft, die landesübliche Zurückhaltung und Vorsicht sowie die Tatsache, daß die Berge von jedem Ort der Schweiz aus innerhalb einer Stunde erreichbar sind, sind die Ursachen dafür, daß die Schweizer es sich erlauben können, den Skisport mit einer gewissen Nonchalance zu betreiben. Nur wenn das

Wetter und die Schneeverhältnisse ideal sind, zieht es auch die Schweizer in nennenswerten Zahlen auf die Pisten. Man braucht kein Wort darüber zu verlieren, daß sie das Skifahren vor dem Laufen gelernt haben. Wenn sie in die Berge fahren, verbringen sie genausoviel Zeit damit, in den Hütten einzukehren, um etwas zu essen und zu trinken, oder draußen in der Sonne zu sitzen, wie mit dem Skifahren selbst. Viel mehr erfreut sie die Tatsache, daß die Angehörigen anderer Nationen geradezu verrückt nach diesem Sport sind und bereitwilligst in ihr Land kommen, um ein Vermögen in Schweizer Wintersportorten auszugeben.

Meistens gehören die Skilifts und die dazugehörigen Pisten einzelnen Bauern. Das hat zur Folge, daß die Skilifts oftmals nicht miteinander verbunden sind und man vom Ende des einen Skilifts ein ganzes Stück weit laufen muß, bis man den nächsten Skilift erreicht. Bauer Müller sieht nämlich überhaupt nicht ein, warum er seinen Lift auf seine Kosten verlängern soll, nur damit seine Kunden einen direkten Anschluß an Bauer Meiers Lift haben. Schweizer Skifahrer sehen in diesen Lücken im Liftsystem eine willkommene Gelegenheit, ihre Muskeln durch einen strammen Marsch wieder aufzuwärmen.

Grußwandern

Das Wandern ist eine weitere dieser robusten Sportarten, die im Freien ausgeübt werden. Besonders eifrige Wanderer sind die abgehärteten Deutschschweizer. Ihr Landesteil ist von einem engmaschigen Netz von Wanderpfaden durchzogen. Wenn sie sich auf diesen Pfaden begegnen, tauschen sie ein geheimes Codewort aus. Das Wort ist *Grüezi* oder eine Variante desselben. An der Art und Weise, wie es ausgesprochen wird, können die Wanderer erkennen, woher die anderen kommen. Das führt oftmals zu längeren Diskussionen innerhalb der eigenen Wandergruppe, die erst enden, wenn man weiteren Wanderern begegnet, die ebenfalls be*grüezi*t werden. Und dadurch beginnt die Diskussion von neuem.

Die französischsprachigen Schweizer sind nicht so versessen aufs Wandern, und im italienischsprachigen Landesteil sind die einzigen Wanderer *grüezi*ende Deutschschweizer auf Urlaub.

Ferienreisen

Im Juli und August sind die Arbeitsplätze in der Schweiz nur noch dünn besiedelt. Die Fahrten der städtischen Busse und Straßenbahnen werden reduziert, weil sich Tramführer und Passagiere gleichermaßen im Urlaub befinden.

Viele Schweizer begnügen sich damit, ihre Ferien in der Schweiz zu verbringen. Die Gebirgslandschaft ist ohnehin unvergleichlich schön, man weiß, daß einem das Essen bekommt, die sanitären Anlagen funktionieren. Wenn man seinen eigenen Kanton verlassen hat, befindet man sich sozusagen sowieso bereits im Ausland. Aufgrund der hohen Einkommen und des harten Franken hat aber praktisch jeder Schweizer genausogut die Möglichkeit, weite Fernreisen zu unternehmen. Dabei wollen die Schweizer auf keinen Fall als Touristen erkannt werden und versuchen darum, möglichst unauffällig in Erscheinung zu treten.

Man sollte es sich daher als Nicht-Schweizer lieber zweimal überlegen, bevor man eine zweite Hypothek auf sein Haus aufnimmt, um sich einmal im Leben den Traumurlaub auf Bali zu gönnen. Höchstwahrscheinlich ist die dortige Hotelanlage mit Schweizer Supermarktkassiererinnen und Tankwarten, die ihre Reise bar bezahlt haben, schon fast ausgebucht.

Alpenländische Spielplätze

Dieselbe Ernsthaftigkeit, mit der die Schweizer ihre Berufsarbeit betreiben, legen sie auch bei ihrer Beschäftigung mit Sport & Spiel an den Tag. In einem Land mit vielen Völkern und ausgeprägten Individualisten werden sehr eigen-artige Freizeitaktivitäten gepflegt.

Im Sommer zieht es Horden von Menschen hinaus aus den Städten und Dörfern an Orte, wo Wettkämpfe im *Schwingen* stattfinden. Das ist eine schweizerische Form von Amateurwettkämpfen im Ringen, bei der stämmige junge Männer, die T-Shirts und ausgebeulte Shorts über ihren Hosen tragen, versuchen, sich gegenseitig zu Fall zu bringen. In dem winzigen Weiler Unspunnen im Kanton Bern waren es die normalerweise ganz vernünftigen Einwohner eines Tages leid, einander zu Boden zu werfen. Daher erfanden sie ihre eigene Sportart des Ringkampfes mit einem Stein, dem *Unspunnenstein*. Kernige und verwegene Burschen treten gegeneinander an, um herauszufinden, wer den Brocken, der so viel wiegt wie ein Mensch, am weitesten werfen kann. Für diejenigen, die lieber gleich darauf verzichten möchten, sich einen Bruch zu heben, gibt es noch eine andere Form des *Schwingens*, das sogenannte *Fahnenschwingen*, eine Art Ringkampf mit einer Fahne. Dabei wird die Fahne zur Abwechslung mal in die Luft geworfen; meistens ist sie der Sieger.

Hornussen ist eine Art prähistorisches Golf und wird mit langen, biegsamen und schlotterigen Schlägern gespielt. Die Spielteilnehmer haben aber offensichtlich keine Ahnung, welche Garderobe man korrekterweise auf einem Golfplatz trägt. Jedenfalls wird eine eiförmige Scheibe, der *Hornuss*, von einer keilförmigen Abschußrampe aus mit einem wackeligen Schläger in die Luft katapultiert. Unerschrockene, um nicht zu sagen maßlos hirnverbrannte, Gegenspieler versuchen, den Flug dieser Geschosse zu unterbrechen, indem sie eine Art Holztafel, die an einem Stock befestigt ist, in die Luft werfen. Dieses urtümliche Wurfgerät sieht so aus, als sei mal eben schnell aus der nächstgelegenen Feldumzäunung ein Warnschild herausgebrochen worden.

In der Schweiz gibt es nicht weniger als neunundzwanzig offiziell registrierte Zirkusse. Es gibt kaum eine Stadt oder ein Dorf, wo im Lauf des Jahres nicht ein Zirkus gastiert.

Wie die übrigen europäischen Völker auch, sind die Schweizer große Fußballfans. Unter der Anleitung des britischen Trainers Roy Hodgson konnte die schweizerische Fußballnationalmannschaft bei der Weltmeisterschaft 1994 bemerkenswerte Erfolge verbuchen. Sie gelangte bis in das Achtelfinale, also weiter als die Mannschaften aus England, Schottland und Wales.

Zu den weniger anstrengenden Sportarten zählt das *Jassen*. Nur wer in der Schweiz geboren und aufgewachsen ist, kann sich irgendwelche Hoffnungen machen, die Regeln dieses Kartenspiels zu verstehen. *Jassen* ist so weit verbreitet und so beliebt, daß es nicht nur in jeder freien Minute in jeder Ecke einer jeden Kneipe gespielt wird, sondern es gibt auch eine wöchentliche Fernsehsendung, die sich damit befaßt.

Die Schweizer sind außerdem eifrige Sammler. Eher unauffällige Alltagsdinge wie die buntbedruckte Abziehfolie auf den kleinen Kaffeerahmportionen, die überall zum Kaffee serviert werden und auf denen verschiedene Motive abgebildet sind, sind Gegenstand überaus regen Interesses. Oft kann man Restaurantgäste dabei beobachten, wie sie die Folie ablecken und anschließend mit der Papierserviette abwischen. Da diese Sammelleidenschaft selbst in der Schweiz als sehr *bünzlig* betrachtet wird, werden die derartig vorbehandelten Folien oftmals mit der Bemerkung in die Tasche gesteckt, man wolle sie für einen jungen Neffen aufheben. In Schreibwarengeschäften kann man spezielle Alben für diese Folien erwerben; auf Auktionen werden Preise in der Höhe von mehreren tausend Franken für komplette Sätze von Kaffeesahnedeckeln erzielt, die in limitierten Auflagen produziert wurden.

Als die Schweiz einmal mit gefälschten Fünf-Franken-Münzen überschwemmt wurde, ist es der Polizei lediglich gelungen, ein einziges Exemplar sicherzustellen. Abertausende dieser Falschmünzen verschwanden zunächst spurlos. Dann stellte sich jedoch bald heraus, daß die Schweizer sie eifrig gehortet hatten. Und es dauerte nicht lange, bis man unter Sammlern einen Preis von bis zu einhundertfünfzig Franken für eine gefälschte Fünf-Franken-Münze erzielen konnte.

Fernsehabend

In der Schweiz wird im Durchschnitt weniger ferngesehen als in anderen Ländern. Daran zeigt sich aber weniger, wie intelligent die Schweizer sind, sondern vielmehr, wie dürftig die Qualität der Sendungen ist. Jedes Land hat das Fernsehprogramm, das es verdient, und die Schweiz bildet hierbei keine Ausnahme. Der Unterschied liegt darin, daß man hierzulande auch die Fernsehprogramme sämtlicher Nachbarländer empfangen kann.

In der Schweiz sind die meisten Haushalte verkabelt. Das liegt zum einen an der gebirgigen Topographie, zum anderen an der Abneigung der Schweizer gegen Antennen; in vielen Gegenden ist diese Art von Dachverschandelung durch Bauverordnungen verboten. Dank der Kabelanschlüsse kann man mindestens fünfundzwanzig verschiedene Fernsehkanäle empfangen, in manchen Regionen sogar das Doppelte.

Die Sendungen des Schweizer Fernsehens, die selbstverständlich auf deutsch, französisch, italienisch und, zu obskuren Zeiten, auf rätoromanisch ausgestrahlt werden, muten im allgemeinen ziemlich gravitätisch an. Zur Hauptsendezeit werden vorwiegend stundenlange Debatten über die Pros und Contras anstehender Volksabstimmungen geboten, oder es wird ausführlich über die Wettkämpfe in den spezifisch schweizerischen Sportarten berichtet. Landeseigene Komödien sind selten und noch seltener erfolgreich.

Eine überragende Rolle spielen im Schweizer Fernsehen, wie im kontinentaleuropäischen Fernsehen überhaupt, die Ansagerinnen und Ansager, wobei es sich um eine überwiegend weibliche Domäne handelt. Sie erklären stets lang und breit, worum es bei der nachfolgenden Sendung geht, so daß sich diejenigen, die etwas Besseres zu tun haben, das Zuschauen ersparen können.

Essen & Trinken

Der Schweizer Speiseplan ist so mannigfaltig und abwechslungsreich wie das Land selbst. Fast jede Stadt und jedes Dorf verfügt über seine eigenen Spezialitäten – Gebäck, Nachtisch, Wurstsorten, Wein etc. Falls es so etwas vor Ort bisher noch nicht gibt, wird es rasch erfunden, damit man es den Touristen verkaufen kann.

Im Leben der Schweizer spielt die Nahrungsaufnahme eine wichtige Rolle. Die große Zahl von Restaurants ist der beste Beweis dafür. Man kann sich keinen Berggipfel mehr ohne ein Gipfelrestaurant vorstellen. Wie gerne die Schweizer zum Essen ausgehen zeigt sich daran, daß es im allgemeinen schwierig ist, irgendwo einen freien Tisch zu finden. Nach ihrem der Gesundheit nicht gerade zuträglichen Frühstart am Morgen werden die Schweizer aufgrund nagenden Hungergefühls alsbald ziemlich reizbar und verzehren ihren Imbiß schon um neun Uhr (*Znüni*). Am Spätvormittag können sie es dann kaum erwarten, bis es Zeit zum Mittagessen ist.

Das Mittagessen ist ein alltägliches Großereignis im Leben der Schweizer. Selbst an Werktagen nimmt es über eine Stunde, manchmal bis zu zwei Stunden in Anspruch. Ab elf Uhr morgens begrüßen sich die Schweizer mit appetitanregenden Formeln wie *Bon appetit* oder *En Guete*. Die Läden schließen, die Kinder kommen aus der Schule, und die Familienväter kehren aus ihren Büros, falls diese nicht allzu weit entfernt liegen, an den heimischen Tisch zurück.

Die Aufwendungen fürs Mittagessen sind bis zu einem Betrag von zweitausendvierhundert Franken pro Jahr steuerabzugsfähig, selbst wenn das Mahl zu Hause eingenommen wird. Man hat sogar berücksichtigt, Nachtarbeitern denselben steuerabzugsfähigen Betrag zuzugestehen, obwohl in der Schweiz die Chancen, nach zehn Uhr abends irgendwo ein Essen serviert zu bekommen, äußerst rar sind.

Da der Tag sehr früh am Morgen beginnt, ist das Abendessen oft schon um halb sieben beendet. Aber das macht nichts, denn die Schweizer gehen gerne früh zu Bett, damit sie am nächsten Morgen wieder in aller Herrgottsfrühe aufstehen können.

Die Müesli-Nation

Müesli, die Erfindung des Schweizers Dr. Bircher-Benner, wird in seinem Ursprungsland weniger zum Frühstück gegessen als vielmehr zum Mittagessen, wo es als rahmgesättigter, mit Früchten angereicherter Magenfüller willkommen ist.

In der Schweiz werden die Mahlzeiten mit großer Sorgfalt und viel frischem Gemüse zubereitet und mit viel Genuß langsam verzehrt. Die meisten Schweizer Hausfrauen haben nichts übrig für Büchsengemüse, Tiefkühlkost oder gar Fertigmahlzeiten zum Aufwärmen. Deshalb werden in vielen Haushalten Mikrowellenöfen als überflüssig erachtet. Für viele Schweizer geht *fast food* einfach zu schnell.

Die Deutschschweizer haben der Welt die *Rösti* beschert, und sie haben eine gewisse Vorliebe dafür, in *Metzgete* zu schwelgen – das ganze Schwein, vom Fuß bis zu Innereien in Form schwellender Blut- und Leberwürste, nichts, was man in der Schweiz nicht essen würde.

Wenn man die Menükarte in einem Restaurant liest, kann man nicht mehr behaupten, die Schweizer seien ein Volk von Tierliebhabern. Pferdesteak wird oft angeboten. In den meisten Städten gibt es einen Pferdemetzger – es ist das einzige Geschäft, in dem die Waren nicht im Schaufenster ausgelegt werden. Auch wenn man sich in dieser Hinsicht ein wenig schamhaft zeigt, seit dem Rinderwahnsinn galoppiert der Absatz von Pferdefleisch steil aufwärts.

Mit den Jahreszeiten wechseln auch die Gerichte, und im Herbst sind Wildspezialitäten sehr beliebt. Sie werden oftmals mit Kastanien, Rotkohl und *Spätzli* serviert. Dazu trinkt man gerne *Sauser*, jungen, halb fermentierten Rotwein, der ein wenig sprudelt und wunderbar für Durchfall ist – nicht um ihn zu stoppen, man bekommt ihn davon.

Getränke

Die schweizerischen Trinkgewohnheiten sind durchaus bemerkenswert.

Alkohol wird überall ausgeschenkt, selbst an Straßenbuden kann man seinen Hot dog mit einem Schluck Bier hinunterspülen. Die Schweizer vertragen einiges; im schlimmsten Fall werden sie gesprächig, aber oftmals nicht einmal das. Dutzende von verschiedenen Brauereien im ganzen Land produzieren ihre eigenen Sorten Faßbier, aber es schmeckt überall gleich, und es kostet weniger als Mineralwasser.

Mineralwasser ist das ideale Beispiel, um zu zeigen, wie die Schweiz funktioniert. Den meisten Nicht-Schweizern wird kaum ein Name einfallen, wenn sie aufgefordert würden, eine Schweizer Mineralwassermarke zu nennen. Perrier vielleicht? Fast getroffen. Die Mineralwasserquelle liegt in Frankreich, aber, was wichtiger ist, die Anteile an der Firma, die das Wasser abfüllt, befinden sich in Schweizer Besitz.

Schweizer Weine sind nicht gerade weltberühmt, was hauptsächlich daran liegt, daß sie kaum exportiert werden, denn die Schweizer trinken sie alle selbst. Außer Schnaps sind stärkere alkoholische Getränke nicht besonders beliebt, und sie sind sehr teuer. Wenn dennoch einmal Whisky oder Gin serviert wird, dann wird reichlich eingeschenkt, und meistens hat man bei dieser Gelegenheit einen sehr schönen Ausblick.

Die Schweiz hat ihre eigenen Softdrink-Spezialitäten. Was Dr. Bircher mit dem Müesli gelungen ist, nämlich eine durch und durch gesunde Nahrung schmackhaft zu machen, das hat die Schweizer Getränkefirma Rivella mit ihren Produkten ebenfalls erreicht. Sie werden aus Molke, einem Nebenprodukt der Milch hergestellt und schmecken durchaus nicht so, wie man zunächst denkt. Bei Schweizern, die sich selbst nicht mehr zur Pepsi-Generation zählen, sind sie überaus beliebt. Rivella gibt es sogar in einer zuckerfreien *Light*-Version.

Schon vor langer Zeit haben die Schweizer die Kunst des Kaffeekochens mit Meisterschaft zu beherrschen gelernt, und man bekommt überall Kaffee serviert, der weltweit keinen Vergleich zu scheuen braucht – er ist stark, voller Geschmack und nie bitter. Dasselbe kann man über Tee nicht sagen. Es gibt keine Pflanze, Blume oder Kraut, das die Schweizer nicht kleinschneiden, trocknen und zu irgendeiner Art Tee aufbrauen. Es gibt Lebertee, Herztee, Blasentee, Tee zum Aufwachen und Tee zum Einschlafen.

Gesundheit & Körperpflege

Die Schweiz verfügt über eine stattliche Anzahl grund-
solider und sehr effizienter Krankenkassen. Sie sind
ähnlich wie eine Krankenversicherung organisiert, sind
allerdings nicht dazu da, mit der schlechten Gesundheit
ihrer Mitglieder Geld zu verdienen. Diese Krankenkassen
erstatten aber in der Regel keine Zahnarztrechnungen.
Ansonsten wäre ihr Kapital schon lange aufgebraucht.
Die Zahnärzte verlangen in der Schweiz für ihre Leistun-
gen so viel, daß es billiger kommt, ins Ausland zu fliegen
und sich dort in Privatbehandlung zu begeben. Es gibt
sogar gewerblich organisierte »Zahnarzt-Reisen«, etwa
nach Ungarn, wo man hingeflogen und in einem First-
class-Hotel untergebracht wird. Wenn die Zahnbehand-
lung eine Woche lang dauert, bleibt man eben so lange,
nimmt seine Termine wahr, geht zwischendurch Shoppen
und hat immer noch eine Menge Geld gespart, verglichen mit dem, was man in der Schweiz zahlen müßte.

Obwohl sie so viel berechnen, gibt es in der Schweiz
Zahnärzte in Hülle und Fülle; auf 1443 Münder kommt im
statistischen Durchschnitt ein Zahnarzt. In Deutschland
sind es 2432 kranke Gebisse pro Zahnarzt.

Da die Kosten für Zahnbehandlungen so hoch sind,

betreiben die Schweizer ihre Zahnpflege mit großer Sorgfalt. Wenn eine Füllung 250 Franken kostet und eine Krone 2000 Franken, verwandelt sich der eigene Mund schnell in eine wertvolle Geldanlage.

Für die Pro-Kopf-Anzahl von Schweizer Psychiatern ließen sich keine statistischen Angaben ermitteln.

Ärzte und Schwestern

Die Schweiz rühmt sich sehr günstiger Zahlenverhältnisse im medizinischen Bereich. Auf einen Arzt kommen nur wenige Patienten, auf ein Krankenhausbett kommen ebenfalls nur wenige Patienten, aber auf einen Arzt kommen viele Krankenschwestern. Schön für die Ärzte. Dank all dieser wunderbaren Vorsorge gibt es keine Wartelisten bei Operationen, und die Lebenserwartung liegt in der Schweiz weit über dem Durchschnitt, 75 Jahre für Männer und 83 Jahre für Frauen.

In dem im Nordosten der Schweiz gelegenen Kanton Appenzell Ausserrhoden gibt es ein für dieses Land ungewöhnliches Gesundheitssystem: Jedermann ist es dort erlaubt, sich als Mediziner niederzulassen. Demzufolge ist dieses kleine Eckchen der Schweiz überfüllt mit Heilkundigen jedweder Art, vom Kräuterheiler bis zum Handaufleger und sicherlich einem überproportional großen Anteil reiner Scharlatane.

Eher konventionelle und traditionell anerkannte Heilmethoden werden in den Kurorten und Sanatorien angewendet, die es überall im Land gibt. Die Schweizer zeigen stets großes Interesse an allen Dingen des medizinischen Bereichs, und dies um so mehr, wenn exzentrische Millionäre willens sind, für einen Schluck aus dem Jungbrunnen oder eine Gehirntransplantation bedeutende Beträge lockerzumachen.

Die überwiegende Mehrheit des Schweizer Volkes zeigt wenig Interesse an den Auswirkungen von Zigarettenkonsum und dem Genuß cholesterinhaltiger Lebensmittel. Woran die Schweizer relativ häufig erkranken, ist Lungenentzündung. Wer davon verschont bleibt, leidet vielleicht an verschiedenen Arten von Kreislaufstörungen, die vom – weniger gefährlichen – Blutstau bis zum veritablen Kreislaufkollaps reichen. Mag sein, daß die eine oder andere dieser Beschwerden wahrhaft lebensbedrohlich ist. Viele Schweizer leiden beinahe andauernd unter mindestens einer von dieser Sorte, oftmals an allen zugleich. Glücklicherweise benötigen die meisten dieser Leidenden selten mehr als einen freien Tag, um sich auszukurieren. Das Geheimnis für diese Heilwunder ist Tee. Wenn das Problem erkannt ist, braucht der Patient nur noch den für (oder gegen?) diese Krankheit wirksamen Tee herauszusuchen, einige Liter davon zu trinken und den Rest des Tages im Bett zu verbringen. Zack – am darauffolgenden Tag sitzt er im Morgengrauen schon wieder bei der Arbeit.

Die meisten Schweizer über fünfundzwanzig werden außerdem regelmäßig von einem sogenannten Hexenschuß niedergestreckt. Die Remedur dafür ist ein wenig Physiotherapie, deren Kosten von der Krankenkasse übernommen werden, und, selbstverständlich, Rückentee.

Da die Schweiz beinahe in jeder Hinsicht führend ist,

gibt es hier auch die meisten Aids-Fälle in Westeuropa. Die Schweizer Ärzteschaft war schnell mit der Erklärung zur Hand, diese hohe statistische Zahl komme dadurch zustande, daß aufgrund des hohen Informationsstandes hierzulande mehr Fälle erkannt werden als anderswo.

Hygienische Maßnahmen

Hygiene ist ein Eckstein des schweizerischen Daseins. Die wünschenswerteste Eigenschaft eines Schweizers oder einer Schweizerin ist es, gepflegt zu sein. Frauen beurteilen den Wert eines Verehrers nach dem Standard, den er bezüglich seiner persönlichen Hygiene einhält.

Seltsamerweise ist Hunden jedoch der Zutritt zu Restaurants nicht verboten. Andererseits verfügen aber selbst bescheidene Lokale über sanitäre Einrichtungen, die nicht nur geräumig genug sind, um alle Gäste gleichzeitig darin aufzunehmen, sondern auch die Anlagen selbst befinden sich in einem Zustand makelloser Qualität und blitzender Sauberkeit, daß man dort in der Tat vom Fußboden essen könnte.

Doch selbst damit ist man in der Schweiz noch nicht zufrieden. Man ruhte nicht, bis das uralte Klodeckelproblem in für die Allgemeinheit zugänglichen Toiletten gelöst war. Dank moderner Technik gleitet jetzt auf Knopfdruck eine frische, nie benutzte Plastikfolie über die brillenförmige Verschalung, auf die der werte Gast nun sein entblößtes allerwertestes Körperteil sorglos niederlassen kann.

Der letzte Schrei sanitären Luxus prangt auch schon in

vielen Schweizer Wohnungen. Es handelt sich um eine schlechthin so ultimative Vorrichtung, daß es einem schier den Atem raubt, sofern es einem nicht die Tränen in die Augen treibt. Schweizer Erfindungsgeist ist es gelungen, die WC-Spülung mit einem Bidet und einem Warmluftfön zu kombinieren – der allseits rotierende, elektronisch gesteuerte Closomat.

Eine Waschstraße für Autos wirkt dagegen so steinzeitlich wie ein Faustkeil verglichen mit einem modernen Zahnbohrer. Und umweltschonend ist dieses – hoffentlich – sensible Gerät allemal: Der Gebrauch von Toilettenpapier entfällt ganz, und das Wasser zum Händewaschen wird ebenfalls eingespart.

Feiern & Feste

In der Schweiz gibt es putzige Festtraditionen sonder Zahl. Die meisten sind lediglich von örtlicher Bedeutung, und manche sind wirklich seltsam, wie etwa jene im Nordosten des Landes, wo Neujahr nach dem Julianischen Kalender begangen wird (dieses Neujahrsfest liegt ein paar Wochen nach dem sonst weltweit üblichen Termin). Bei dieser Gelegenheit kann man ansonsten durchaus gesetzt wirkende Bürger beobachten, wie sie nachts durch die Felder marschieren und alles mögliche über ihren Köpfen tragen, von Puppenhäusern bis hin zu botanischen Gärten.

Der Festtagskalender

Ein strammer Zeitplan bestimmt den Ablauf des Schweizer Jahres. Es beginnt mit einem Knall an Neujahr. Die Feiern und Partys, zu denen Feuerwerk und Champagner selbstverständlich dazugehören, sind so ausdauernd, daß in manchen Kantonen der 2. Januar ebenfalls ein Feiertag ist.

Die Weihnachts- und Neujahrssaison endet am 6. Januar, dem Dreikönigstag. Es werden besondere Kuchen verkauft, in deren Teig ein kleiner König aus Plastik eingebacken ist. Dasjenige Kind, das die Figur in dem Kuchen findet und daran nicht erstickt, darf dann für den Rest des Tages eine Papierkrone tragen und die übrigen Familienmitglieder herumkommandieren.

Im Februar liegt dann genug Schnee, daß selbst wählerische Schweizer ihre Skier herausholen, und die Schulen bleiben während zweier Wochen Sportferien geschlossen. In diesem Monat findet auch die Fasnacht statt, bei der bizarre Kostüme getragen, Masken aufgesetzt und Gesichter bemalt werden. Bei dem karnevalistischen Treiben wird viel gegessen und getrunken, und es gibt jede Menge satirischer Darbietungen. Wer an einem schweizerischen Fasnachtsumzug teilnehmen will, muß sich warm anziehen. Man steht um fünf Uhr morgens oder noch früher auf und weckt dann alle anderen. Während der Fasnachtszeit kann man sich in der Schweiz so lächerlich anziehen, wie man will, ohne daß jemand mit der Wimper zuckt.

Die unmusikalischsten Musikanten haben die Gelegenheit, ihre ohrenbetäubenden Talente zur Geltung zu bringen. Diese Kapellen paradieren durch die Städte und bringen eine besondere Form atonaler Musik zu Gehör, die sogenannte *Guggemusig*, was, wörtlich ins Hochdeutsche übersetzt, »Papiertütenmusik« bedeutet, und genauso hört es sich auch an: als ob man in eine Papiertüte bläst.

Das Arbeitsethos der Schweizer wird nirgends anschaulicher als beim *Sächsilüüte* (hochdeutsch: Sechs-Uhr-Läuten), einem halbtägigen Zürcher Feiertag im

Frühjahr. Für dieses Fest haben die Zürcher den Montag-nachmittag arbeitsfrei. Nach dem Wochenende geht jedermann wie gewöhnlich am Morgen zur Arbeit. Am Mittag, kurz nach dem Essen, beginnt dann der Feiertag. Die Zünfte paradieren durch die Stadt und sammeln sich dann alle, um zuzusehen, wie auf dem Sächsilüüte-Platz der Böög, ein Schneemann aus Papier, verbrannt wird. Damit wird symbolisch das Ende des Winters begangen. Die Tage werden nun länger, und die Mitglieder der Zünfte können endlich wieder mehr arbeiten.

Der Tag vor Karfreitag, der Gründonnerstag, ist hin-sichtlich der Arbeitszeiten in der Schweiz wie ein Sams-tag, das heißt, Geschäfte, Ämter und Büros schließen am frühen Nachmittag. Diese Art »Samstage« gibt es das ganze Jahr über, wenn ein Feiertag bevorsteht: am Tag vor Himmelfahrt und am Heiligen Abend, sofern diese Tage nicht sowieso auf einen Sonntag fallen.

Im Mai wird in der Schweiz die Garderobe gewech-selt. Die Winterkleidung wird gegen Motten versiegelt in Schränken oder Kleidersäcken auf dem Dachboden gestapelt, und die leichten, kurzärmeligen Sommer-klamotten kommen von dort herunter. Bevor der Som-mer richtig anfängt, geben die Eisheiligen noch schnell ihre alljährliche Vorstellung und bringen noch einmal frostige Witterung mit. Erst wenn diese Gefahr vorüber ist, wagt man es, die Geranien in die Blumenkästen zu pflanzen.

Während der Sommermonate gibt es keine Stadt und kein Dorf im ganzen Land, das nicht besondere Feiern abhielte. Einige davon sind tief in der Geschichte verwur-zelt und werden aus bestimmten Anlässen begangen, wie etwa die *Fêtes des Vendanges* in der Welschschweiz, die man als Erntedankumzüge bezeichnen kann, vor allem anläßlich der Weinlese. Andere Festivitäten sind kaum mehr als ein Vorwand für die Schweizer, dasjenige zu tun, was sie – außer der Arbeit – am liebsten tun: Nämlich endlose Stunden auf langen, unbequemen Holzbänken herumzusitzen, Grillwürste zu essen und Bier oder Wein aus Plastikbechern hinterherzukippen.

Da sich Sommer und Winter in der Schweiz deutlich voneinander unterscheiden, wird die warme Jahreszeit gerne und ganz bewußt für alle möglichen Aktivitäten im Freien genutzt. An den langen Tagen werden die Schwimmbäder und die Strandbäder an den Seen geöffnet, und sie sind stark frequentiert. Restaurants blockieren die Bürgersteige mit Tischen und Stühlen. Die endgültige Bestätigung, daß nun für längere Dauer mit gutem Wetter zu rechnen ist, kommt dann von den Autobahn-Werkhäfen, die jedes Jahr ihre Großbaustellen zur Erneuerung der Fahrbahndecken einrichten, just dann, wenn der Verkehr am dichtesten ist. Schließlich fährt ja dann auch halb Nord- und Mitteleuropa auf dem Weg an die Mittelmeerstrände durch die Schweiz.

Wenn die Schulen für die Sommerferien schließen, schließt gleichzeitig die halbe Schweiz. Im Sommer wird es in den Städten im Unterland erstaunlich heiß, und es ist dort ziemlich gewittrig. Wer immer die Möglichkeit dazu hat, verläßt daher diese Stätten klimatischen Ungemachs.

Der 1. August ist der Schweizer Nationalfeiertag, eine weitere Gelegenheit für grandiose Feuerwerke und weitere endlose Sitzungen auf Holzbänken. Angesichts der wirklich ausladenden Feiern an diesem Tag ist man erstaunt, wenn man hört, daß der 1. August erst seit 1995 gesetzlicher Feiertag in allen Kantonen ist, und auch das erst nach der üblichen Volksabstimmung.

Der Sommer geht im allgemeinen mit einem gewaltigen Donnerwetter an einem Sonntagabend Mitte August zu Ende. An den sich daran anschließenden weniger heißen Tagen können die Schweizer sich endlich wieder hartem Broterwerb widmen, auch wenn immer noch kleinere Veranstaltungen wie Straßenfeste, Klassentreffen und Vereinsfeste stattfinden; für jedes Hobby gibt es einen Verein, und jeder Verein feiert sein Fest.

Weihnachten ist in der Schweiz eine sehr triste Angelegenheit. Die Familien versammeln sich um einen echten Weihnachtsbaum mit echten Kerzen darauf und besingen die Stille Nacht. Die Schweizer sind entsetzt über die britische oder amerikanische Art, Weihnachten zu feiern, bei der getrunken, gegessen und massiv ferngesehen wird. Partyhütchen und Knallbonbons haben bei einer Schweizer Weihnacht nichts verloren. Die Schweizer Hingabe an Geschäft und Arbeit wird selten deutlicher als an Weihnachten und Neujahr. Fallen diese Tage auf ein Wochenende, so gibt es keine freien Tage extra. Am Montag gehen alle wieder zur Arbeit und hoffen auf eine günstigere Kalenderkonstellation im nächsten Jahr.

Viele dieser Feste sind mit besonderen Speisen verbunden. Der Dreikönigskuchen am 6. Januar, Lebkuchen und *Grittibänz* am Nikolaustag. An Weihnachten ist es nicht anders; viele Hausfrauen verbringen die Adventszeit damit, *Guetzli* (Plätzchen) zu backen. Dafür gibt es ganz individuelle Familienrezepte, und es werden stets eine ganze Reihe verschiedener Sorten gebacken. Wer seine *Guetzli* im Supermarkt einkauft, handelt sich ein Stirnrunzeln ein. Als ob es in der Vorweihnachtszeit nicht schon genug zu tun gäbe, nimmt das *Guetzli*backen zusätzlich viele Stunden nur mit viel Geduld zu bewältigender konditorischer Kleinstarbeit in Anspruch. Wenn die *Guetzli* endlich fertig sind, sollte man meinen, daß es nach all den Anstrengungen nichts Angenehmeres geben müßte, als die Füße hochzulegen und sich an den Früchten dieser Mühsal zu erfreuen.

Weit gefehlt. Die *Guetzli* sind nicht zum Selberessen da. Sie werden in kleine Döschen und Päckchen abgefüllt und rundherum an Freunde verschenkt. Diese Freunde, die ebenfalls eine tagelange Küchenfron hinter sich haben, machen natürlich die dementsprechenden Gegengeschenke. Das Ergebnis dieses Austausches ist, daß jedermann mit Bergen von *Guetzli* versorgt ist, die man nicht für halb so gut hält wie seine eigenen.

Ein Volk von Musikanten
Die Schweizer können sehr zornig werden, wenn die in Deutschland sehr populäre Um-ta-ta-Musik mit ihrem bodenständigen Musikantentum verwechselt wird. Schweizer Volksmusik, bekannt unter dem Namen *Hudigäägeler*, wird stets von einem Trio bestehend aus Handorgel, Klarinette und Baßgeige gespielt, außer wenn dieses Trio aus vier Spielern besteht. Manchmal tritt als weiteres Instrument noch ein *Hackbrett* hinzu. Dabei

handelt es sich um eine Zither, deren Saiten nicht gezupft, sondern mit hölzernen Klöppeln geschlagen werden.

Obwohl es insgesamt lediglich drei *Hudigäägeler*-Musikstücke gibt, erklingen diese Weisen Tag und Nacht landauf, landab. Es gibt sogar einen Radiosender, der diese drei Stücke vierundzwanzig Stunden lang vorwärts und rückwärts spielt. Die Schweizer mögen diese Musik schon deshalb, weil sie nicht aus dem Ausland kommt.

Weniger bequem zum Herumtragen als eine Mundharmonika, aber etwas lauter, ist ein spezifisch schweizerisches Blasinstrument: das Alphorn.

Das Jodeln war ursprünglich eine Art Fernmeldesystem für Gebirgsbauern. Heutzutage wird es auch gerne im Unterland praktiziert. Gelegentlich werden sogar gejodelte Gottesdienste abgehalten. Wenn nur ein Jodler jodelt, klingt das recht melancholisch; wahrscheinlich, weil das Jodeln eine Schweizer Erfindung ist, die weltweit praktiziert wird (es gibt sogar einen Jodelverein in Japan), ohne daß die Schweizer auch nur einen einzigen Franken daran verdient haben.

Staat & Verwaltung

Die Schweiz ist bekanntlich kein sozialistisches Land. Was ein Schweizer Bürger im Leben erreicht oder nicht erreicht, bleibt ihm selbst überlassen. Eine Einstellung, die die Schuld für alle Probleme auf die Regierung schiebt, gibt es hier nicht. Der Staat wird auch nicht als Zahlmeister angesehen, wenn es irgendwo finanzielle Engpässe gibt. Aufgrund ihrer demokratischen und föderalen Verfassung identifizieren sich die Schweizer zu stark mit dem Staat, als daß sie einfach alles auf ihn abwälzen. Sie wissen, wer letztendlich die Zeche zahlen müßte – sie selbst.

Wildgewordene Demokratie

In der Schweiz ist das demokratische Prinzip auf die Spitze getrieben. Wenn eine Gruppe von Bürgern genügend Unterschriften zusammenkratzen kann, dann muß das Volk über jede beliebige Maßnahme abstimmen. Lediglich der Schweizer Vernünftigkeit ist es zu verdanken, daß absurde Vorschläge wie »Freibier für

alle« bisher noch nicht auf die Tagesordnung gesetzt
wurden.

Der Gegensatz zwischen Regierung und Opposition ist
nicht Teil des politischen Systems der Schweiz, wie dies
in den anderen westlichen Demokratien der Fall ist. In
diesem Sinne gibt es gar keine institutionalisierte Opposition in der Schweiz. Allenfalls bildet das Schweizer
Volk selbst diese Opposition; und es tut dies sogar in zu-
nehmendem Maße, indem es Entscheidungen und Ab-
sichten der eigenen Regierung konterkariert. Wenn die
Regierung tun könnte, was sie wollte, wäre die Schweiz
längst Mitglied der Europäischen Union, sie würde den
Vereinten Nationen Truppenkontingente zur Verfügung
stellen, und die Mehrwertsteuer wäre schon vor Jahren
eingeführt worden. Aber einmal im Vierteljahr schreitet
das Volk an die Urnen und legt der Regierung auf diese
Weise Zügel an.

Die zweihundert Abgeordneten des Nationalrates bil-
den die repräsentative Vertretung des Schweizer Volkes.
Nicht weniger als zehn Parteien sind durch Fraktionen
vertreten, hinzu kommen sechs Unabhängige sowie vier
»Sonstige«. Diese Parteien decken das gesamte politische Spektrum ab. Die Freisinnigen haben ihr Gegen-
gewicht in den Christdemokraten, die Grünen und die
»roten« Sozialdemokraten werden vom bürgerlichen
Block in Schach gehalten. Doch was immer die politische
Färbung im einzelnen sein mag, das Gesamtbild ist ziemlich grau.

Für diejenigen, denen ein durch allgemeine Volks-
wahl bestimmtes Parlament nicht genug ist, gibt es noch
eine zweite Kammer, den Ständerat. In diesen entsendet

jeder Kanton, egal wie groß und wie bevölkerungsreich er ist, zwei Vertreter. Der Grund, warum es zwei sein müssen, besteht einfach darin, daß jeder Halbkanton wenigstens einen hinschicken kann.

Es gibt kein Staatsoberhaupt und keinen Ministerpräsidenten, sondern nur das in einem rotierenden System jährlich wechselnde, rein zeremonielle Amt des Bundespräsidenten – denn einer muß schließlich da sein, der die ausländischen Staatsgäste am Flughafen in Empfang nimmt. Meistens müssen die Schweizer scharf nachdenken, wenn sie den Namen ihres jeweils amtierenden Bundespräsidenten (es gab bisher noch keine Bundespräsidentin) nennen sollen. Dazu ist die Funktion zu unbedeutend, und es ist jedes Jahr jemand anderes.

In der Theorie müßten sich die politischen Kräfte in einem solchen System andauernd gegenseitig blockieren; da die Schweiz aber keine Mißtrauensabstimmungen und keine Amtsenthebungen kennt, verfügt sie über eine der stabilsten Regierungen der Welt. Als Folge davon kann die Schweizer Geschäftswelt, die Börse und die Industrie, Investitionsentscheidungen unabhängig von der jeweils vorherrschenden politischen Wetterlage treffen.

Dennoch setzt die Verantwortung dafür, das eigene Land mitregieren zu müssen, die Schweizer offenbar einem nur schwer erträglichen Streß aus: Nicht weniger als 12 % der Menschen unter 72 Jahren sterben von eigener Hand.

Wähl mich

Es besteht durchaus die Gefahr, daß die Schweizer den größten Teil ihrer Freizeit mit Wahlen und Abstimmungen verbringen. Der Nationalrat muß alle vier Jahre gewählt werden. Zwischendurch muß die Kantonalregierung gewählt werden, und man schreitet wegen der Bestimmung der Gemeinderäte zu den Urnen. Außerdem wird erwartet, daß der Schweizer Bürger an den lokalen Gemeindeversammlungen teilnimmt. Kommen auch noch die vierteljährlichen Abstimmungen über Volksentscheide und gegebenenfalls Volksbegehren hinzu, so wird verständlich, daß selbst die unentwegtesten Schweizer Stimmbürger irgendwann einmal von Wahlmüdigkeit befallen werden. Im Schnitt geben denn auch allenfalls 40 % der Schweizer regelmäßig ihre Stimme ab.

Die Wahlunterlagen werden den Schweizer Haushalten einen Monat vor dem Urnengang zugestellt. Dies hat seinen guten Grund, denn es würde einen ganzen Tag in Anspruch nehmen, diese Papiere in der Wahlkabine auszufüllen. Von allen Seiten stürmen in dieser Zeit gutgemeinte Ratschläge in Form von Zeitungsanzeigen, Plakaten und Briefwurfsendungen auf den Stimmbürger ein, die ihm, je nachdem, ein Ja oder ein Nein in der einen oder anderen Volksentscheids-Frage nahelegen.

Wenn die Mitglieder des Parlaments bestimmt werden müssen, nehmen diese Vorgänge gewaltige Ausmaße an. Es stehen Dutzende von Parteien zur Wahl. Außer den üblichen gibt es auch solche mit dem Namen »Zum Glück haben wir Beat Looser«. Beat Looser ist ein junger Mann, der zum selben Schneider geht, wie vormals Wilhelm Tell. Es gibt eine Art grüne Partei für die über Sechzigjährigen, die sich Graue Panther nennt; es gibt die Männer-Befreiungs-Partei und die wenig verheißungsvoll klingende Nationale Aktion gegen die Überfremdung, die heute Schweizer Demokraten heißen. (Aber wenn sie alle Ausländer abschaffen, wer kann dann noch des Schweizers Sündenbock sein?)

Es werden Empfehlungslisten herausgegeben, die angeblich ideale Konstellationen beinhalten, damit sich der Wähler einfach eine Art Parteienmenü heraussuchen kann. Andererseits ist es jedem Bürger natürlich freigestellt, sozusagen *à la carte* zu wählen, ja sogar seine eigene Liste aus seinen persönlichen Lieblingskandidaten zusammenzustellen. Um die Verwirrung komplett zu machen, muß es sich dabei gar nicht um vorgegebene Kandidaten von den Listen handeln; jedermann, der die Schweizer Staatsangehörigkeit besitzt und über achtzehn Jahre alt ist, kann vorgeschlagen und gewählt werden. Das klingt alles sehr aufregend, und in der Theorie ist es das auch. Nur in der Praxis nicht.

Trotz solcher überkommenen und überholten demokratischen Praktiken haben die Schweizer, wie alle anderen Völker auch, genug gesunden Menschenverstand, um diejenigen, die sie in Amt und Würden gewählt haben, mit ständigem Mißtrauen zu beobachten und jede von deren Maßnahmen zu kritisieren.

Papiere bitte!

Im Vergleich zur organisierten Effizienz der Schweizer Verwaltungsbürokratie wirken die Behörden anderer Länder wie Heimwerkerveranstaltungen. Bevor man in der Schweiz auch nur eine Hand rühren kann, benötigt man als allererstes eine Genehmigung.

Es gibt nicht nur eine Abmeldepflicht und eine Anmeldepflicht (letztere innehalb von acht Tagen) im Falle eines Umzugs. Darüber hinaus besitzt jede Schweizer Familie ein sogenanntes Familienbuch, das vom jeweiligen Heimatort ausgegeben wird. In diesem Dokument, das wie ein übergroßer Paß mit festem Einband aussieht, sind die einzelnen Familienmitglieder detailliert verzeichnet – wahrscheinlich für den Fall, daß man eines vergißt.

Falls man auf einem Schweizer See in einem Boot mit mehr als fünfzehn Quadratmeter Segelfläche eine Segelpartie unternehmen will, muß dieses Wasserfahrzeug registriert sein. Wenn das Boot über einen Motor verfügt, muß er überprüft und abgenommen sein, damit sichergestellt ist, daß die vorgeschriebenen strengen Emissionswerte nicht überschritten werden. Angehende Motorbootkapitäne müssen eine Prüfung absolvieren, um sich hinter das Steuerrad setzen zu können. Fahrradfahren ist nur mit einer jährlich zu erneuernden Vignette am hinteren Schutzblech oder am Sattel erlaubt, die als Versicherungsnachweis dient. Zum Betrieb eines Autos muß eine Vignette an die Windschutzscheibe geklebt werden, falls man auf der Autobahn fahren will, ferner eine Anwohnerparkbewilligung, falls man sein Auto in einem städtischen Wohnquartier nachts auf der Straße stehenlassen will, sowie eine weitere Vignette als Nachweis, daß an dem Wagen der regelmäßig zwingend vorgeschriebene Abgastest stattgefunden hat.

Dieser bürokratische Würgegriff scheint höchst ineffizient zu sein. Nicht so in der Schweiz. Jedesmal, wenn eine Genehmigung erteilt, geändert, verlängert oder entzogen wird, ist eine Gebühr fällig. Der Antragsteller wird zur Kasse gebeten, und das nicht zu knapp, denn der Staat kommt für seinen Dienst an der Allgemeinheit nicht auf. So ist es den Schweizern gelungen, eine äußerst träge, mit viel Personal aufgeblähte Behördenorganisation in ein sich selbst finanzierendes und höchst effizientes Dienstleistungsgewerbe zu verwandeln, was eine kapitalistische Privatwirtschaft wie ein Kinderspiel erscheinen läßt.

Verbrechen & Strafe

Gemessen am internationalen Maßstab ist die Verbrechensrate in der Schweiz niedrig. Eine kürzlich veröffentlichte Statistik zeigt, daß 45 % aller Verbrechen von Ausländern verübt werden (von wem sonst?), die weniger als 20 % der Bevölkerung stellen.

Trotz dieser niedrigen Verbrechensrate sind die Schweizer Gefängnisse immer gut gefüllt. Nachdem das Volk dem Bau neuer Anstalten zugestimmt hatte und diese errichtet worden waren, waren auch diese innerhalb von wenigen Tagen belegt. Anscheinend kommt es den Schweizern nicht in den Sinn, daß es einen Zusammenhang geben könnte zwischen dieser Überbelegung und der Tatsache, daß ihre Arrestanstalten den Komfort eines mittleren Drei-Sterne-Hotels aufweisen.

Die Polizei kann sich stets der tatkräftigen Unterstützung durch die übrige Bevölkerung sicher sein, so daß man getrost von einem permanenten Aufgebot von annähernd sieben Millionen Polizisten und Polizistinnen sprechen kann. Mehr Fälle von Steuerhinterziehung kommen durch Hinweise aus der Bevölkerung ans Tageslicht als durch die Untersuchungen der Steuerfahndung. Traditionsgemäß ist das typische schweizerische Verbrechen ein Finanzdelikt; Annahme von Bestechungsgeldern durch korrupte Beamte, Verluste von Spargeldern durch gigantische Investmentschwindel und Geldwäsche (wobei nicht ganz klar ist, ob letzteres in der Schweiz wirklich ein Verbrechen ist).

Die offiziell bestallten Ordnungshüter in der Schweiz wirken nicht gerade wie eine schlagkräftige Truppe. Aufgrund ihrer grauen Uniformen kann man sie nur allzu leicht mit Briefträgern verwechseln, obwohl Briefträger gewöhnlich keine Schußwaffen mit sich herumtragen, es sei denn, sie sind auf dem Weg zu einer der regulären Schießübungen bei der Armee.

Die Polizei hat eine beunruhigende Tendenz, im geringsten Anlaß mit Tränengas und Gummigeschossen um sich zu ballern. Demonstrationen werden häufig auf diese Weise in Tränen aufgelöst, und nur selten hört oder liest man deswegen einen kritischen Kommentar.

Die Schweiz wird oftmals als Polizeistaat bezeichnet, vor allem von Fans von Ultraleichtflugzeugen, Schneemobilen und Jet-Skis, deren Gebrauch innerhalb der schweizerischen Landesgrenzen verboten ist. Das mag auch darauf zurückzuführen sein, daß die Ordnungsbehörden hierzulande stets unter der Bezeichnung »Polizei« firmieren. So gibt es eine Tierpolizei, die sich um die Beseitigung der Kadaver toter Haustiere kümmert. Es gibt eine Seepolizei (ein sehr angenehmer Job im Sommer). Um die korrekte Beseitigung des Haushaltsmülls kümmert sich die Abfallpolizei. Und zur Überwachung der Würdigkeit von Ausländern, die in der Schweiz leben und arbeiten, gibt es die Fremdenpolizei (die mitnichten aus Fremden besteht).

Die Schweiz ist reich an Gesetzen und noch reicher an Gesetzesvollziehungen.

All den bestehenden Vorschriften wird auch konsequent Geltung verschafft. So ist es beispielsweise laut Hausordnung in den meisten Mehrfamilienhäusern verboten, vor sieben Uhr morgens oder nach zehn Uhr abends ein Bad zu nehmen. Dennoch ist es für einen Schweizer selbstverständlich undenkbar, im Morgengrauen, wie es seine Gewohnheit ist, ungewaschen am Arbeitsplatz zu erscheinen. Daher gilt diese Vorschrift für das Duschen nicht.

Ein großer Teil der Einnahmen der Kantonspolizei stammt aus den Bußen, die wegen Geschwindigkeitsüberschreitungen verhängt werden. Automobilisten, die zu schnell gefahren sind, werden einfach von automatischen Kameras fotografiert, und die Buße wird per Post zugestellt. Wer seine Buße nicht innerhalb der festgesetzten Frist bezahlt, bekommt diese verdoppelt. Viele Schweizer halten das Velofahren auf der Straße für zu gefährlich und ziehen daher die Gehwege vor. Velofahrer, die das Trottoir benutzen, müssen mit einer Buße von vierzig Franken rechnen. Um allerdings die Fairneß zu gewährleisten, müssen auch Fußgänger, die auf Velowegen unterwegs sind, eine von zehn Franken Buße bezahlen.

Ein weiteres Mittel zur Steigerung der öffentlichen Einnahmen ist die Ausgabe von Formularen gegen eine Gebühr von fünfzehn bis zwanzig Franken, auf denen unbescholtene Bürger sich ihre Unbescholtenheit bestätigen lassen können. Wer sich um eine Anstellung bei der Verwaltung bewerben will, wer sich als potentieller Mieter für eine Wohnung bessere Chancen davon verspricht oder wer es sich einfach an die Wand hängen will, kann sich von den Behörden solch einen Strafregisterauszug ausstellen lassen, in dem verkündet wird, daß der Inhaber keine Straftaten begangen hat oder sich dabei zumindest nicht hat erwischen lassen.

Geschäfts- & Arbeitsleben

Man nehme: Pharmazeutika, Schokolade, Käse, Uhren, Präzisionsinstrumente, Maschinenbau. Man füge hinzu: Banken, Finanzdienstleistungen, Versicherungen und schließlich noch einen tüchtigen Schuß Tourismus – und heraus kommt eine Volkswirtschaft, die das höchste Pro-Kopf-Bruttosozialprodukt der Welt erwirtschaftet, und dies ohne die Handelsprobleme etwa Japans.

Die Schweizer Wirtschaft erfreut sich eines seit vierzig Jahren praktisch ungebrochenen Booms. Während dieser ganzen Zeit mußten die Schweizer keinen Gedanken auf Probleme wie Arbeitslosigkeit verschwenden, schon gar nicht, wenn man in Betracht zieht, daß bei dem Begriff »Null-Arbeitslosigkeit« in den Theorien der keynesianischen Ökonomen eine Rate von 2 % Unbeschäftigten von vorneherein einkalkuliert wird. Mittlerweile hat sich die Schweiz dem Standard in der westlichen Welt angenähert; die Arbeitslosenrate liegt inzwischen bei 5 %. Bis zur Rezession in den neunziger Jahren betrug sie tatsächlich nur 0,4 % – mit anderen Worten weniger als 18 000 Menschen. Wahrscheinlich waren sie alle namentlich bekannt.

Der Streß-Faktor

Streß ist ein wichtiger Bestandteil des schweizerischen Erfolgsrezepts. Wenn man Schweizer, die mitten im Erwerbsleben stehen, fragt, wie sie ihre Arbeit finden, dann wird man mit schauerlichen Geschichten darüber belehrt, unter was für einem Streß sie stehen. Dabei werden sie besonders herausstreichen, daß der Tag einfach nicht genug Stunden hat, damit alle Aufgaben perfekt erledigt werden können.

Solch eine Haltung kontrastiert nicht nur mit typisch mediterranen Lebensauffassungen, sondern etwa auch mit dem britischen Understatement, wo selbst der vielbeschäftigte City-Banker sich bei einer dementsprechenden Antwort zurücklehnen und sagen würde, er »könne sich nicht beklagen«, und man »tue sein Bestes«. Solche gelassenen Feststellungen würden in der Schweiz als Ausdruck einer arbeitsscheuen Einstellung interpretiert, ja würden ein geradezu offenherziges Eingeständnis des schlimmsten aller Verbrechen bedeuten: Faulheit.

Arbeitslosengeld wird zunächst zwar großzügig gewährt (bis zu 80 % des bisherigen Gehalts), aber die Zahlungen werden nach maximal achtzehn Monaten eingestellt. Dies hält die Schweizer bei der Stange.

Deshalb verbringen sie unverhältnismäßig viel Zeit am Arbeitsplatz, tragen besorgte Mienen zur Schau und beklagen sich ständig über ihre Arbeitslast.

Die Wochenarbeitszeit beträgt zweiundvierzig Stunden, und jeder Schweizer erzählt einem, daß er selbst bei weitem länger arbeitet. Warum haben die Schweizer sich nicht selbst längst per Gesetz eine kürzere Arbeitszeit beschert? Der Vorschlag wurde bereits gemacht, aber es wurde mehrheitlich dagegengestimmt.

Zeit ist alles

Time is everything (Zeit ist alles) lautet ein Werbeslogan der Schweizer Luftfahrtgesellschaft Swissair, und man kann ihn ohne weiteres als Maxime im gesamten Schweizer Geschäftsleben gelten lassen. Die Schweizer sind so pünktlich, daß sie einen Begriff von Pünktlichkeit haben, der das Verständnis weniger perfektionistischer Völker einfach überschreitet – sie sind *überpünktlich*. Und dies wird nicht als Untugend angesehen.

Im Schweizer Geschäftsleben hält man an traditionellen Vorstellungen fest, sofern diese sich bewährt haben, wie etwa der geringeren Bezahlung für Frauen bei gleicher Arbeit und dem kürzesten Schwangerschaftsurlaub im europäischen Vergleich. Gleichzeitig stürzen sie sich gierig auf die neuesten technischen Errungenschaften. Die Schweizer haben sich schon sehr früh der Computer bedient, und heutzutage würde ein Schweizer Geschäftsmann lieber ohne Hosen auf die Straße gehen als ohne sein Handy.

In den Etagen des höheren Managements ist der Dress-Code ziemlich konservativ, aber darunter gehen die Schweizer im allgemeinen überraschend lässig gekleidet zur Arbeit. Sowohl Männer als auch Frauen erscheinen selbst in Büros oft in Jeans.

Schriftlichen Unterlagen wird bei Neueinstellungen sehr viel Wert beigemessen. Ein Bewerber, der für eine

Anstellung nach dem persönlichen Eindruck zwar als durchaus geeignet erscheint, aber keine Zeugnisse vorweisen kann, hat ganz schlechte Karten. Arbeitszeugnisse von früheren Arbeitgebern sind oftmals in einer verschlüsselten Sprache abgefaßt. Wenn dort steht: »Herr X. hat seine Aufgaben zu unserer Zufriedenheit verrichtet«, so gilt dies als schlechte Bewertung, wohingegen die Formulierung »Herr X. hat seine Aufgaben zu unserer vollsten Zufriedenheit verrichtet« als großes Lob angesehen wird.

Niedrige Steuern

Schweizer Handel und Industrie so gut wie jeder einzelne Schweizer profitieren von einem im Prinzip altmodischen, aber sehr gut funktionierenden Steuersystem. Die Einkommensteuer wird am Wohnort erhoben und richtet sich in ihrer Höhe daher nach den jeweils dort geltenden Sätzen. Daher kommt es durchaus vor, daß zwei Arbeitnehmer, die im selben Betrieb dieselbe Arbeit verrichten und das gleiche Gehalt verdienen, unterschiedlich hohe Steuern bezahlen, wenn sie in verschiedenen Gemeinden wohnen.

Kapitalertragsteuern gibt es in vielen Kantonen gar nicht, Erbschaftsteuern sind minimal, und Mehrwertsteuer wurde erst im Jahre 1995 eingeführt und liegt bei zu vernachlässigenden 6,5 %. Es gibt eine Vermögensteuer, aber selbst wenn man eine Million auf der Bank hat, beträgt sie lediglich 1 %. Eine lange Liste von Werbungskosten kann steuermindernd in Anschlag gebracht werden, von den Hypotheken auf so viele Häuser und Wohnungen wie man sich leisten kann, bis hin zu »Sonderausgaben«, die im Schweizer Geschäftsleben anscheinend unvermeidlich sind und weniger fein »Schmiergeld« genannt werden.

Die Einkommensteuer wird stets im nachhinein bezahlt, und nachdem einem die Steuerrechnung zugestellt wurde, kann man es sich aussuchen, ob man den Betrag in drei Raten oder auf einmal (selbstverständlich mit Skonto bei prompter Zahlung) begleichen will. Damit der Schock über den Steuerbescheid leichter verdaut werden kann, bezahlen die Arbeitgeber ihren Beschäftigten am Ende des Jahres ein dreizehntes Monatsgehalt, wovon viele ihre Steuerschuld entrichten. Das würde bedeuten, daß der Steuersatz bei einem Zwölftel oder 8,3 % läge. Das ist selbst für Schweizer Verhältnisse zu niedrig gegriffen. Im Durchschnitt bezahlen die Schweizer nur 16 % Steuern und knirschen dabei immer noch mit den Zähnen.

Arbeitnehmer

Die schweizerische Arbeitnehmerschaft ist bestens ausgebildet, bestens befähigt und bestens bezahlt. Der sogenannte Arbeitsfrieden aus den späten dreißiger Jahren, aufgrund dessen Streiks ausgeschlossen sind, sorgt seither dafür, daß es keine Produktionsausfälle in der Industrie gibt. Und in der Tat ist es so, daß die Schweizer Mühe hätten, sich etwas auszudenken, für das sich zu streiken lohnte.

All diese Qualifikationen, hohe Löhne und Harmonie schaffen ein Problem: Wer soll die Löcher in Schweizer Straßen buddeln? Die Lösung dieses Problems wurde in der Beschäftigung von Saisonarbeitern oder *Saisonniers* gefunden. Diese saisonalen Gastarbeiter kommen hauptsächlich aus den Mittelmeerländern, und dorthin, zu ihren Familien, schicken sie jeden Monat ihre hart erarbeiteten Schweizer Franken. Wenn die Arbeit getan ist, schicken die Schweizer Behörden wiederum die Gastarbeiter zurück in ihre Heimatländer – auch eine Form von Export, nur heißt die Ware in diesem Fall Beschäftigungslosigkeit.

Die erstaunliche Zahl von 124 000 Arbeitnehmern, das sind immerhin 4 % aller in der Schweiz Beschäftigten, fährt täglich aus den umliegenden Grenzregionen in die Schweiz zur Arbeit – 47 000 Deutsche, 5000 Österreicher, 38 000 aus Italien und 76 000 aus Frankreich. Diese *Grenzgänger* genannten Tagespendler werden durch die Aussicht in die Schweiz gelockt, im Schnitt das Doppelte von dem zu verdienen, was sie für dieselbe Arbeit in ihrem eigenen Land bekommen würden.

Wer was an wen verkauft und wo

In den Geschäften und Läden des Landes spiegelt sich die Grundeinstellung der Schweizer wider, so lange am Althergebrachten festzuhalten, solange es funktioniert. Das gesamte Handels- und Warenverteilungssystem ist immer noch ziemlich altmodisch und bedient die klassische Kette Importeur, Grossist, Einzelhändler. Die

Ladenöffnungszeiten sind streng reglementiert, Sonntagsöffnung ist verboten, selbstverständlich ausgenommen dort, wo die Touristen ihr in Schweizer Franken umgetauschtes Geld ausgeben möchten.

Die Schweizer kaufen nicht grundsätzlich dort, wo es am billigsten ist – dafür haben sie keine Zeit. Obwohl sie es nicht nötig haben, aufs Geld zu schauen, werfen sie es aber auch nicht zum Fenster hinaus. Einen großen Beitrag zum Erfolg der Schweizer Wirtschaft liefert auch der Schweizer Binnenmarkt, denn die einheimischen Konsumenten bevorzugen eindeutig einheimische Waren. Artikel aus dem Ausland mögen preiswerter sein, aber die Schweizer kaufen Schweizer Produkte, denn sie sind der Überzeugung, daß diese besser funktionieren und länger halten – womit sie im allgemeinen recht haben.

Die Lobby der Einzelhändler hat durch ihren starken Einfluß den Weg gebahnt für die große Unterstützung, die die kleinen Läden durch das Kaufverhalten der Schweizer Konsumenten erfahren. Die Apotheker haben dafür Sorge getragen, daß in Supermärkten kein Aspirin verkauft werden darf, und die eingesessenen Sanitärgeschäfte ziehen alle Register, wenn in ihrem Einzugsgebiet ein Heimwerkermarkt eröffnet werden soll. Die Folge davon ist, daß die kleinen, hochgradig spezialisierten Läden immer noch existieren, aber eben: immer noch. Einkaufszentren auf der grünen Wiese gibt es inzwischen natürlich auch hierzulande, und auch hier schlagen sie ihre Schneisen in die herkömmlichen Handelsstrukturen.

Dank der langfristig niedrigen Inflationsrate und den

festgefügten Formen der Endverbraucherpreisfestsetzung können es sich viele Hersteller erlauben, die Endverkaufspreise für ihre Waren schon in der Fabrik aufzudrucken.

Kartelle, in anderen Ländern der westlichen Welt längst für illegal erklärt, feiern in der Schweiz fröhliche Urständ. Von Zeit zu Zeit geraten sie von Regierungsseite unter Beschuß, aber es ist ihnen bisher immer gelungen, ihre Existenz zu rechtfertigen. In vielen Handels- und Industriezweigen kommen die Hauptakteure von Zeit zu Zeit zusammen und teilen die Märkte unter sich auf, indem festgelegt wird, wo und zu welchem Preis ihre Produkte verkauft werden.

Bis vor kurzem hatten beispielsweise Autoimporteure ihren Markt völlig unter Kontrolle. Da ein Autoimport für eine Privatperson unnötig kompliziert war, bestimmten professionelle Autoimporteure, wer ihre Wagen verkaufen kann und wer nicht, und konnten somit Discountpreise verhindern. Warum das Schweizer Volk nicht protestierte, daß die Autos zu teuer seien, hat den einfachen Grund, daß der hiesige Neuwagenpreis bereits unter den billigsten Europas figuriert; dies allerdings nicht, weil großzügige Importeure sich mit mageren Gewinnmargen zufrieden geben, sondern weil die Steuern und Zölle für Neuwagen in der Schweiz niedrig sind. Seitdem das Importeurskartell aufgebrochen wurde, hat sich dennoch wenig verändert. Diejenigen, die sich einen Neuwagen leisten können, haben keine Zeit, sich selbst mit dem umständlichen Einfuhrverfahren herumzuschlagen, und können auf die 5 % Ersparnis, die damit verbunden wären, auch gut und gerne verzichten.

Es war einmal vor langer Zeit... – es ist kein Märchen der Schweizer Handelsgeschichte, sondern es gehört zu ihren bedeutendsten Kapiteln, daß bereits früher erkannt wurde, welche Spielräume hinsichtlich des Preisniveaus beim Einzelhandel existierten. Im Jahre 1925 gründete ein gewisser Gottlieb Duttweiler eine Art Großhandels-Direktverkaufsunternehmen. Auf diese Weise konnte er die bis dahin üblichen Einzelhandelspreise allein bei sechs Waren des täglichen Bedarfs um bis zu 40 % unterbieten. Duttweiler teilte die Grossistenpackungen von Grundnahrungsmitteln wie Kaffee, Reis, Nudeln, und Zucker in halb (*demi*) so große Packungen auf, und die Schweizer Institution (De)MIGROS war geboren. Heute gibt es im gesamten Land 560 Supermärkte der MIGROS-Kette, das heißt, es gibt sie in jeder Stadt.

Der ökonomischen Logik entsprechend müßte die MIGROS nach einem Dreivierteljahrhundert alle anderen Mitbewerber vom Markt verdrängt haben. Jedoch, dem ist nicht so. Mittlerweile hat die MIGROS zwar ihre Finger in allen möglichen Geschäftszweigen, vom Bankgewerbe bis hin zu Tankstellen; aber das Image des Billiganbieters ist die MIGROS nie losgeworden. Es gilt als völlig vernünftig, seine Nahrungsmittel bei der MIGROS einzukaufen. Aber kein Schweizer käme auf den Gedanken, dort Geschenke zu besorgen. Das wäre schlimmer als sparsam – es wäre geizig.

Organisationen & Institutionen

Grundlage und Garantie für den Fortbestand der Schweizer Erfolgsgeschichte ist das perfekte Ineinandergreifen der abertausend Rädchen des Systems. Die Schweizer geben sich nicht damit zufrieden, daß jeder einzelne bis zum Umfallen arbeitet und dabei stets sein Bestes gibt, nein, sie erwarten auch, daß die unbelebten Dinge dieser Welt ebenso perfekt funktionieren – und sie tun es.

Was immer ein Schweizer vorhat, ob er eine Firma gründen oder einer Freizeitbeschäftigung nachgehen will, er wird nichts unternehmen, ohne sich vorher die entsprechenden Erlaubnisse, Genehmigungen und Prüfzeugnisse besorgt zu haben. Mit Hilfe dieser Papiere kann er bei allen Beteiligten, egal, ob es sich dabei um Menschen oder Maschinen handelt, einen so nachhaltigen Eindruck hinterlassen, daß die erfolgreiche Abwicklung des Vorhabens garantiert ist. Zum Beispiel würde es sich kein schweizerisches Automobil erlauben, mit einer Panne einfach liegenzubleiben, nachdem es in überaus gründlicher Inspektion zur Vorbereitung auf die vorgeschriebenen Tests durchgecheckt wurde und dieser äußerst gewissenhaften Überprüfung standgehalten hat.

Fahrgewohnheiten

Die Art, wie auf Schweizer Autobahnen gefahren wird, entspricht gänzlich der Mentalität der Schweizer. Für das Individuum gibt es keine Möglichkeit, seinen persönlichen Stil zu markieren. Der Verkehr wälzt sich mit völlig gleichbleibendem Tempo über die Fahrbahn. Dieses Tempo liegt stets bei fünf Stundenkilometern über der angegebenen Geschwindigkeitsbegrenzung. Läge das Tempo sechs Stundenkilometer darüber, würden die Kameras anfangen zu blitzen. Langsameres Fahren würde den Zorn der übrigen Verkehrsteilnehmer auf sich ziehen. Diesem wird unmißverständlich Ausdruck verliehen, indem man so dicht auf den Vordermann auffährt, daß dieser gezwungen wird, mehr Gas zu geben. Die einzige Möglichkeit für den Schweizer Autofahrer, Individualität zu zeigen, besteht darin, den Gurt nicht anzulegen. Im Innerortsverkehr tragen lediglich 52% den Sicherheitsgurt, bei den noch individualistischer eingestellten Welschen sind es noch weniger. Die Polizei wiederum kann dadurch kräftig Kasse machen; nichtangegurtete Fahrer werden regelmäßig angehalten und mit saftigen Bußen belegt.

Da sie von der Polizei andauernd gebüßt und von den übrigen Verkehrsteilnehmern gemaßregelt werden, vergeht den Schweizer Automobilisten langsam die Freude am Fahren. Die Fahrprüfungen sind schwierig und werden alle paar Jahre auf den neuesten Stand gebracht. Sie beinhalten eine zweistündige schriftliche Examinierung und eine ausgiebige praktische Überprüfung der Fahrkünste. Trotzdem zeigen die Schweizer hinter dem Lenkrad wenig Geduld und fahren ziemlich oft und ohne ersichtlichen Grund ineinander.

Schweizerische Nummernschilder werden auf den Fahrer ausgestellt und nicht auf das Fahrzeug. Im allgemeinen verbleiben sie also für den Rest seines motorisierten Lebens beim Fahrer. Daher zeigen die Nummernschilder auch nicht an, wie alt der Wagen, sondern wie alt der Fahrer ist. Weil dies so geregelt ist, können Fahrer, die sich im Straßenverkehr öfter etwas zuschulden kommen lassen, relativ leicht erkannt werden. Außerdem erlaubt es den Schweizern eine preiswerte Variante zu dem nickenden Hund auf der Hutablage: Genauso wie das Nummernschild selbst wird das mit dem Nummernschild bestickte Kissen einfach in den neuen Wagen mitgenommen.

Selbstverständlich gibt jeder Kanton seine Nummernschilder selbst aus, was durch die beiden Buchstaben vor der Nummer gekennzeichnet wird, also GE für Genf und BE für Bern. Als Warnung an andere Fahrer folgt bei Mietwagen auf die Nummer noch ein »V« (für *vermietet*) und auf Nummernschildern von Autohändlern ein »U« (für *unzuverlässig*).

Und für den Fall, daß die Einwohner eines Kantons einen Wagen aus einem anderen Kanton für einen ausländischen halten, ist sicherheitshalber, um Mißverständnisse zu vermeiden, das Anbringen des Nationalitätskennzeichens CH obligatorisch.

Öffentliche Verkehrsmittel

Das gesamte Land ist mit einem dichten Netz von Eisen-
bahnen, Buslinien, Tramlinien, Drahtseilbahnen, Zahn-
radbahnen und Schiffahrtslinien überzogen, die teilweise von öffentlichen, teilweise von privaten Verkehrs-
gesellschaften betrieben werden und deren Fahrpläne
aufs feinste aufeinander abgestimmt sind. Es gibt Netz-
fahrkarten, mit denen man mit beliebigen Verkehrsmitteln von einer Ecke der Schweiz in die andere fahren
kann, von einem Berggipfel zum nächsten, ohne daß
man irgendwo lange auf einen Anschluß warten müßte.

Öffentliche Verkehrsmittel sind in der Schweiz mehr
als ein Transportsystem, sie sind eine nationale Institution, ja die Schweizer sind schon fast davon *besessen*.
Jeder Fahrplanwechsel im Mai gerät in die Schlagzeilen,
so groß ist das Interesse des Schweizer Publikums an öffentlichen Verkehrsmitteln. Der voluminöse zweibändige
Zug-, Bus-, Schiffs- und Zahnradbahn-Fahrplan nimmt
auf den Bücherregalen der Schweizer Haushalte traditionell den Platz zwischen der Universalenzyklopädie und
der Bibel ein.

Muß man überhaupt ein Wort darüber verlieren, daß
die öffentlichen Verkehrsmittel in der Schweiz sauber,
effizient und pünktlich sind? 80% der Züge haben lediglich eine Minute Verspätung, und 95% sind höchsten-
falls fünf Minuten zu spät.

In das rollende Material, in Gleisanlagen, Tunnels und
die modernste Technologie wurde und wird immer sehr
viel Geld investiert. Nimmt man noch eine so altehrwür-
dige Tugend wie guten Service hinzu, hat man ein tod-
sicheres Rezept für ein erfolgreiches Unternehmen.

Einen verschmutzten Waggon wird man in der Schweiz noch seltener finden als einen verspäteten Zug. Trotzdem machen die Schweizerischen Bundesbahnen jedes Jahr kräftige Verluste.

Die Schweizer haben nie einen Grund gesehen, warum sie ihre Straßenbahnen abschaffen sollten. Dieses Transportsystem wurde in den größeren Städten immer weiter ausgedehnt und technisch weiterentwickelt, so daß schweizerische Trams heute nicht mehr rattern, sondern allenfalls noch zischen. Wie Flugpiloten der Straße absolvieren angehende Straßenbahnfahrer ihre ersten Lektionen in einem technisch aufwendigen Tramsimulator, bevor sie zum ersten Mal auf Schienen fahren dürfen. Die Trams halten sich streng an den Fahrplan. Sobald sich eine Bahn um eine Minute verspätet, breitet sich bei den an der Haltestelle wartenden Fahrgästen Unruhe aus, der Fahrplan wird inspiziert und die Zeit mit der Armbanduhr verglichen. Wenn das Tram dann kommt, muß der Fahrer mit anklagenden Blicken rechnen, und es wird von ihm eine Erklärung für derlei Nachlässigkeit erwartet. In Zürich befinden sich die Tramfahrer ständig in Panik, sie könnten den Fahrplan nicht einhalten und lassen so auch oft noch dahereilende potentielle Fahrgäste nicht mehr einsteigen, obwohl diese offensichtlich auch mitfahren möchten. In Bern, wo alles etwas langsamer geht, werden die bereits im Tram befindlichen Fahrgäste dadurch genervt, daß der Fahrer gemütlich abwartet, bis alle diejenigen, die in letzter Sekunde angehetzt kommen, eingestiegen sind. Das ist auch schon der Hauptunterschied zwischen beiden Städten.

Tausende von Gegenständen gehen jedes Jahr in den

öffentlichen Verkehrsmitteln der Schweiz verloren. Die Rückgabe der Fundsachen ist kein Problem, falls man die dafür geltenden strikten Regeln einhält: Man muß in der Lage sein, genau anzugeben, in welchem Bus, Zug oder Tram die Sache abhanden gekommen ist, ferner das genaue Datum und die Uhrzeit. Der Trick besteht darin, seine Sachen mit größtmöglicher Umsicht zu verlieren.

Das Bildungssystem

In vieler Hinsicht ist die Schweiz ein sehr altmodisches Land. Manches, was man woanders längst als hoffnungslos ad acta gelegt hat, funktioniert hier ausgezeichnet, etwa das öffentliche Verkehrssystem und die staatliche Schul- und Hochschulausbildung. Aber auch hier gibt es Zeichen der Veränderung. Es dauerte bis in die späten 8oer Jahre, bis in allen Kantonen das Schuljahr nach den Sommerferien beginnen konnte. Und in manchen Gebieten hat man sich auf gewagte Experimente eingelassen, indem der Samstagvormittag-Unterricht aufgegeben wurde.

Auch wohlhabende Eltern und führende Politiker haben keine Probleme damit, ihre Kinder auf die staatlichen Schulen zu schicken. Privatschulen werden im allgemeinen nur in Erwägung gezogen, wenn das Kind Lernschwierigkeiten hat. Anhand von Abschlußzeugnissen wird entschieden, wie der Bildungsgang fortgesetzt wird, ob Sekundarschule, Realschule oder Gymnasium in Frage kommen.

Nach der Schulzeit kommt die Ausbildung. Alle

Schweizer haben eine Ausbildung, inklusive der Hausfrauen. Eine ordentliche Berufsausbildung wird als überragend wichtig betrachtet, und für jeden Beruf gibt es eine Lehrlingsausbildung. Das bedeutet nicht etwa sechs Monate Lernen-durch-Zugucken-und-Nachmachen wie in vielen anderen Ländern, sondern drei bis vier Jahre Lehrzeit samt Berufsschule und Abschlußprüfungen.

Lehrer werden gut bezahlt und genießen hohes Ansehen. Sie sind ihrerseits selbstverständlich sehr gut ausgebildet. Eine Kindergärtnerin (oder ein Kindergärtner) absolviert eine vierjährige Ausbildung, und zu den Ausbildungsfächern gehören nicht nur die praktischen Tätigkeiten, sondern auch Kinderpsychologie, und außerdem wird die Kenntnis dreier Fremdsprachen verlangt, und zwar derjenigen, die die Kinder sprechen, die in den Kindergarten kommen, wie zum Beispiel Spanisch, Türkisch und Serbokroatisch. Ein Schweizer Friseur durchläuft eine vierjährige Lehrzeit, ein Lastwagenfahrer eine dreijährige. Selbst die Schweizer Nikoläuse werden auf Trainingskurse geschickt, bevor sie auf den jüngsten und verletzlichsten Teil der Menschheit losgelassen werden. Schließlich müssen sie wissen, was möglicherweise zu einem psychischen Schaden bei Kindern führen kann und was nicht. Es ist nicht damit getan, einen roten Mantel überzuziehen, einen weißen Bart vorzukleben und mit tiefer Stimme »Ho ho!« zu rufen.

All dies wird als selbstverständlich erachtet, und es dürfte der Grund dafür sein, warum Do-it-yourself in der Schweiz nie so recht Fuß fassen konnte. Nicht, weil die Schweizer dafür nicht genug Zeit hätten oder weil sie es nicht nötig hätten, das Geld für die Handwerkerrechnungen zu sparen – es liegt einfach daran, daß die Schweizer es sich nicht vorstellen können, daß man kompliziertere Dinge, wie etwa das Auswechseln einer Glühbirne, ohne einschlägige Fachausbildung ordnungsgemäß zustande bekommt. Wenn Installateure oder Elektriker eine vierjährige Ausbildung benötigen, um ihren Job ordentlich machen zu können, dann kann dies ja nicht etwas sein, was ein Ungeübter am Wochenende selbst erledigen kann.

Qualifizierte Arbeitskräfte für jede nur erdenkliche Tätigkeit und – jedenfalls bis vor sehr kurzer Zeit – eine garantierte Beschäftigung für jeden, der arbeiten konnte und wollte, waren das Ergebnis dieses überaus gründlichen Ausbildungssystems.

Auf den Universitäten sieht es nicht anders aus. Es hat gar keinen Zweck, mit ausländischen Zeugnissen anzukommen, in denen die Befähigungen des Studienplatzbewerbers ausgewiesen sind. Sie sind einfach wertlos. Der Zugang zu den heiligen Hallen der Schweizer akademischen Welt ist nur demjenigen eröffnet, der sich dafür nach Schweizer Art qualifiziert hat. Die Schweizer werden einem unmißverständlich klarmachen, daß ihr eigener Standard bei weitem höher liegt als alles, was man sich sonstwo aneignen könnte.

Die Schule der Nation

Die Schweizer Armee ist nicht nur wegen der Schweizer Armeemesser berühmt, sondern auch wegen der Tatsache, daß ihr jeder männliche Schweizer Bürger im Alter zwischen zwanzig und fünfzig angehört.

Die Schweiz ist also alles andere als eine Nation von Pazifisten. Ihre Neutralität ist eine bewaffnete Neutralität, und die Schweiz ist in der Lage, innerhalb von achtundvierzig Stunden ein furchteinflößendes Heer von einer halben Million Soldaten zu mobilisieren. Fast alle Truppenteile gehen im allgemeinen ganz alltäglichen Verrichtungen nach, wie etwa Geld zählen am Bankschalter und Kühe melken im Stall, aber im Kleiderschrank zu Hause hängt die Uniform, und in der Truhe auf dem Dachboden liegen Gewehr nebst Munition. Es ist keineswegs ungewöhnlich, daß einem Schweizer ohne Uniform, aber mit einem Maschinengewehr über der Schulter, auf dem Fahrrad oder im Tram begegnen. Diese sind dann einfach auf dem Weg zum Abzugsfingertraining bei einer der obligatorischen Schießübungen.

Allmählich sind sich auch die Schweizer der eigenartig widersprüchlichen Situation bewußt geworden, daß sie zwar einerseits über eine für das Land riesige Armee verfügen, andererseits aber seit über fünfhundert Jahren keinen anständigen Krieg mehr geführt haben. Man ist daher dabei, die Armee zu verschlanken. Von einigen Truppenteilen hat man sich inzwischen getrennt. So wurden kürzlich die Armee-Brieftauben abgeschafft.

Es wurde die Meinung vertreten, daß der Grund für den kriegslosen Zustand der Schweiz in der enormen Abschreckungswirkung ihrer beeindruckenden Selbstverteidigungskräfte liege. Die Wahrheit dürfte eher sein, daß kein machtgieriger Diktator das Land angreifen wird, wo er seine Millionen versteckt hat.

Sprache & Wörter

Eine Landkarte, auf der die Schweiz in Sprachzonen auf-
geteilt ist, könnte suggerieren, daß in der Schweiz mehrheitlich Deutsch gesprochen wird. Eine solche Annahme
wäre falsch. Die von den Deutschschweizern gespro-
chene Sprache ist das *Schwizerdütsch* oder *Schwiizer-
dütsch* oder *Schwyzertütsch*, je nachdem, welche
Schreibweise beliebt. Es gibt keine zwei Schweizer, die
sich auf eine einheitliche Schreibweise dafür einigen
könnten, aber das ist auch nicht von Bedeutung, da es
sich nicht um eine geschriebene Sprache handelt. Auch
nicht um eine einheitliche Sprache. Jede Stadt und jede
Region spricht eine eigene Version. Es gibt das *Basel-
dytsch, Berndütsch, Bündnerdütsch, Züridütsch* – eine
vollständige Liste wäre so lang wie die Liste der Täler.

Zum Schreiben benutzen die Deutschschweizer das
Hochdeutsche, auch unter dem seinerseits durchaus
vielsagenden Namen »Schriftdeutsch« bekannt.

Zwischen dem Hochdeutschen nach Schweizer Art und
dem Deutschen, wie es in Deutschland gesprochen wird,
gibt es auch einige Unterschiede, ungefähr so wie zwischen amerikanischem und dem britischen Englisch. In
Amerika heißt das, was die Engländer *tram* nennen, bei-

spielsweise *street car*; die Deutschen nennen dasselbe Fahrzeug *Straßenbahn* und die Schweizer *Tram*. Es gibt viele Wörter im Hochdeutschen, die in Schweizer Ohren zu deutsch klingen, also gebraucht man andere Ausdrücke. Dazu gehört beispielsweise ein Wort wie *Urlaub*. Die Schweizer machen lieber *Ferien*. Weil die Schweizer sich gerne einen Spaß daraus machen, die Deutschen mit ihrer eigenen Sprache an der Nase herumzuführen, verwenden sie hartnäckig ihre eigenen Wörter und ihre eigene Version des Deutschen, wenn sie sich mit ihnen unterhalten. Nach den Regeln der deutschen Sprache müßte ein Einwohner von Zürich eigentlich ein Züricher genannt werden, aber die Schweizer nennen ihn Zürcher.

Danke gilt ebenfalls als zu deutsch, also sagen die Deutschschweizer *Merci*. Und um nur ja nicht für Welsche gehalten zu werden, setzen sie fast immer das deutsche »vielmals« hinzu, aber auch das wiederum nicht in seiner hochdeutschen Fassung, denn sie wollen ja auch nicht für Deutsche gehalten werden, sondern in der schwyzerdütschen Version: *vielmal*. Was dabei herauskommt, ist sehr seltsam, sehr zweisprachig und sehr schweizerisch: *Merci vielmal*.

Durch eine gemeinsame Sprache getrennt
Dialektgrenzen sind fast so gut wie Staatsgrenzen. Bundesstaaten wie Deutschland oder die USA sind ja schön und gut, aber erst wenn man seinen Landsmann, sobald er den Mund aufmacht, als Fremdling identifizieren kann, wird es interessant.

In Schweizer Ohren haben die verschiedenen Varianten des Deutschschweizerischen einen unterschiedlichen Klang; den einen Dialekt findet man niedlich, den anderen gräßlich, und der vertraute eigene wird natürlich für wundervoll gehalten. In den Ohren von Ausländern klingen sie alle schrecklich. In den kehligen Lauten der alpenländischen Dialekte hat sich sehr viel von der mittelalterlichen Sprache etwa eines Walther von der Vogelweide, des sogenannten Mittelhochdeutschen, bewahrt. In Deutschland sagt man jedoch, das Schweizerische sei keine Sprache, sondern eine Halskrankheit. Bis man es gehört hat, würde man nie vermuten, daß auch reizende junge Damen dieser Sprache mächtig sind. Aber sie sind es durchaus, der Stolz auf die »eigene« Sprache ist bei den Schweizern stärker denn je, und es handelt sich mitnichten um einen vom Aussterben bedrohten, randständigen Dialekt.

Aus dem Schweizerdeutsch sind aber außer *Müesli* und *Rösti* kaum Wörter in die Weltsprache eingeflossen.

Die Schweizer behalten ihre Sprichwörter und Redewendungen für sich selbst, wobei in diesen wiederum die kuriose Schweizer Mischung von Landwirtschaft und Finanzwesen zum Ausdruck kommt. »So dunkel, wie in einer Kuh« stammt vom Bauernhof, während der Ursprung von »Sprechen ist Silber, Schweigen ist Gold« eher an der Effektenbörse gefunden werden kann.

In den Radio- und Fernsehsendungen in der Deutschschweiz wird fast ausschließlich Schweizerdeutsch gesprochen, nur die Nachrichten werden immer auf Hochdeutsch vorgelesen. Aber das ist völlig logisch, denn eine nicht geschriebene Sprache kann man schließlich auch nicht lesen.

Wenn es in einem Land drei (und sofern man das Rätoromanische hinzunimmt: vier) offizielle Landessprachen gibt, wird die Verständigung bisweilen kompliziert. Die Milchkartons sind in der Schweiz mit Hinweisen zur optimalen Lagerung bei 3 – 5° C und der Aufschlüsselung der Nahrungsbestandteile in den drei Sprachen Deutsch, Französisch und Italienisch so dicht bedruckt, daß kaum noch Platz für die Abbildung einer Kuh bleibt.

Sobald Schweizer Kinder das Lesen gelernt haben und die noch kleiner gedruckten dreisprachigen Erläuterungen auf den Cornflakes-Packungen am Frühstückstisch entziffern können, gibt es kein Entrinnen mehr aus dem linguistischen Sprachenmix. Neben ihrer jeweiligen Muttersprache müssen alle Schweizer Schulkinder noch eine zweite Landessprache erlernen. Das ist in einem Vielvölkerstaat keine unbillige Forderung, aber für die geplagten Deutschschweizer Kinder bedeutet dies eine doppelte Belastung, denn neben ihrer eigentlichen Muttersprache, dem *Schwizerdütsch*, müssen sie zunächst, um lesen und schreiben zu können, das Hochdeutsche wie eine Fremdsprache erlernen, bevor sie sich mit Französisch oder Italienisch befassen können.

Bezeichnenderweise sind auf Bahnhöfen die Warntafeln, die das Überschreiten der Gleise verbieten, auf deutsch, französisch, italienisch und auf englisch beschriftet. Eigentlich würde es genügen, wenn sie lediglich auf englisch wären, denn kein Schweizer ist so verrückt, die Gleise zu überqueren.

Die fünfte Landessprache

Das Englische ist in der Schweiz weit verbreitet und sehr modern – sogar Grafitti werden auf englisch gesprayt. Alle Schweizer sprechen Englisch, von Arosa, dessen Fremdenverkehrszentrale mit dem Slogan *Just 4 You* wirbt, bis nach Zürich – *The Little Big City*.

Es gibt verschiedene Arten von Englisch in der Schweiz. Da gibt es das »Swinglish«, eine Mischung aus Schweizerisch und Englisch. Hier werden Wörter gebraucht, die englisch klingen, die es im Englischen aber gar nicht gibt oder wenn, dann mit völlig anderer Bedeutung. Bei den Schweizern besteht beispielsweise, genauso wie bei den Deutschen, der feste Irrglaube, die Engländer würden einen schwarzen Abendanzug mit Seidenrevers als »Smoking« bezeichnen. Auf englisch heißt diese Kleidungsform jedoch einfach *dinner jackett*. Original schweizerisch ist der Ausdruck »Trainer« für das, was die Deutschen als Trainingsanzug bezeichnen; und das, was wiederum die Deutschen unter einem Trainer verstehen, heißt auf englisch *coach*.

Eine andere Variante des Swinglish sind reine Kunstwörter mit englischem Klang. Ähnlich wie Zigarettenautomaten sind in der Schweiz grüne Metallkästen allgegenwärtig, aus denen man kleine braune Plastiktüten ziehen kann. Zweck dieser Vorrichtung ist es, Hundebesitzern das Entfernen des Allerliebsten ihrer Allerliebsten von der Straße zu ermöglichen. (Wenn man Hundebesitzer dazu bringen kann, dann ist nichts mehr unmöglich.) Der Name dieser sanitären Einrichtung ist »Robidog«, eine Zusammensetzung aus ›Robocop‹ (= ein automatischer bzw. Roboter-Polizist) und ›dog‹

(= Hund). Offensichtlich gab es in keiner der drei Landessprachen einen Ausdruck, der dieses Geräts würdig gewesen wäre.

Swinglish darf natürlich nicht mit echtem Englisch verwechselt werden, das in jeden zweiten Satz eingeflochten wird, der aus Schweizer Munde tönt. Dazu zählen Wörter wie *know-how*, *insider-tip*, *ticket*, *meeting* und *fixer*. In den letzten Jahren ist *sorry* zunehmend an die Stelle von »Es tut mir leid« getreten, jedenfalls bei den seltenen Gelegenheiten, bei denen ein Deutschschweizer sich zu entschuldigen wünscht.

In der Werbesprache wird vom Englischen hierzulande geradezu exzessiver Gebrauch gemacht. Auf Plakaten und in Fernsehspots wird den Schweizern nahelegt: *Take it easy*, *Get the Feeling*, oder man empfiehlt ihnen, *Das Dream Team* zu unterstützen oder sich des *Safer Sex* nicht zu enthalten. Selbst die staatliche Anzeigenkampagne, die für mehr Verkehrssicherheit wirbt, begnügt sich auf englisch mit der Feststellung: *No Drinks, No Drugs, No Problems*.

»...Pauschal«

In der Übersetzung von Oliver Koch

Paul Bilton
Die Schweizer
pauschal
Band 13492

Stephanie Faul
Die Amerikaner
pauschal
Band 13391

Louis James
Die Österreicher
pauschal
Band 13292

Drew Launy
Die Spanier
pauschal
Band 13396

Anthony Miall
Die Engländer
pauschal
Band 13493

Martin Solly
Die Italiener
pauschal
Band 13395

Nick Yapp/
Michel Syrett
Die Franzosen
pauschal
Band 13393

Stefan Zeidenitz/
Ben Barkow
Die Deutschen
pauschal
Band 13394

Pflegen Sie Ihre Vorurteile!

Niemand bekennt sich zu ihnen und doch haben wir sie alle:
Pauschalurteile regeln nun einmal den Kontakt mit Nachbarn
wie mit Fremden überhaupt. Auch wenn sie falsch sind, manchmal findet sich dennoch das berühmte Körnchen Wahrheit in
dem, was wir über andere Völker zu wissen meinen.

Fischer Taschenbuch Verlag

»Wie mit dem Zauberstäbchen jedoch konnte
ich sogleich alle bösen Geister vertreiben, wenn ich
von Italien zu erzählen anfing.«
Goethe

Italien erzählt

25 Erzählungen

Herausgegeben
von Stefana Sabin
Band 9237

Italien erzählt – 25 Autoren, 25 Geschichten, die Zeugnis geben von Italien und seiner Literatur in den letzten 50 Jahren:
von jener unverwechselbar italienischen Art, Widersprüche zwischen Vorstellung und Wirklichkeit zu lösen. Längst anerkannte und auch hierzulande bekannte Autoren und andere, die
wohl in Italien eingeführt, hier aber noch zu entdecken sind,
erzählen von Liebe und Ehe und immer wieder von der Familie, von Spiel und Arbeit, von Heimat und Fernweh – 25 verschiedene Facetten des Phänomens Italien. Ohne das Geheimnis zu erklären, macht dieses Buch die Faszination begreiflich,
die von Italien ausgeht.

Es erzählen:
Dino Buzzati, Italo Calvino, Antonio Delfini,
Natalia Ginzburg, Primo Levi, Giorgio Manganelli,
Elsa Morante, Cesare Pavese, Mario Soldati,
Antonio Tabucci und viele andere.

Fischer Taschenbuch Verlag

Frankreich erzählt

23 Erzählungen

Herausgegeben von Stefana Sabin

Band 9286

23 Erzählungen von 23 Autoren, die Zeugnis geben von jener unverwechselbar französischen Art, Wirklichkeit in Literatur zu verwandeln. Stilistisch wie thematisch ist diese Auswahl repräsentativ für die französische Literatur der letzten fünfzig Jahre: Realisten wie *Pierre Gascar, Jean Giono, Roger Grenier, Raymond Jean und Françoise Sagan*, Surrealisten wie *Louis Aragon oder Benjamin Péret*, Phantasten wie *Boris Vian* oder *Marcel Aymé*, Vertreter des Nouveau Roman wie *Alain Robbe-Grillet* oder *Marguerite Duras*, Existentialisten wie *Albert Camus* oder *Antoine de Saint-Exupéry*, Psychologisten wie *Alain Nadaud, Henri Thomas* und *Henri Troyat* erzählen vom Leben in Paris und in der Provinz, von Kleinbürgern und Lebenskünstlern, von Familienvätern und Liebhabern. Jeder Autor hat einen unverwechselbaren Stil, den die ausgewählte Geschichte typisch vertritt – 23 verschiedene Facetten der französischen Wirklichkeit, die zu Literatur wurde.

Fischer Taschenbuch Verlag

fi 775 / 4

Wien erzählt

25 Erzählungen

Ausgewählt und mit einer Nachbemerkung
von Jutta Freund

Band 12732

Wien erzählt lädt ein zu einer literarischen Entdeckungsreise durch eine der wichtigsten deutschsprachigen Metropolen. Allein in diesem Jahrhundert hat Wien Atemberaubendes erlebt: Zu Anfang noch den Glanz der Österreich-ungarischen Monarchie, danach die sozialen Unruhen im arg zusammengeschrumpften Rumpfstaat, den »Anschluß« ans nationalsozialistische Deutsche Reich und schließlich den Aufbau einer Demokratie im neutralen Nachkriegsösterreich. Diese Anthologie spiegelt Geschichte und Gegenwart, Mentalität und Atmosphäre dieser unvergleichlichen Stadt.

Es erzählen:

*Ilse Aichinger, Peter Altenberg, H.C. Artmann,
Ingeborg Bachmann, Hermann Broch, Veza Canetti,
Elias Canetti, Milo Dor, Josef Haslinger, André Heller,
Fritz von Hermanovsky-Orlando, Hugo von Hofmannsthal,
Ernst Jandl, Karl Kraus, Anton Kuh, Robert Menasse,
Robert Musil, Alfred Polgar, Christoph Ransmayr,
Gerhard Roth, Joseph Roth, Arthur Schnitzler,
Hilde Spiel, Dorothea Zeemann,
Stefan Zweig.*

Fischer Taschenbuch Verlag